HIJOS DE LA IRA

POESÍA

DÁMASO ALONSO

HIJOS DE LA IRA

Edición
Fanny Rubio

COLECCIÓN AUSTRAL

Primera edición: 10-V-1946
Decimoquinta edición: 22-IV-2001

© *Herederos de Dámaso Alonso, 1944*

© *De esta edición: Espasa Calpe, S. A., Madrid, 1946, 1990*

Diseño de cubierta: Tasmanias

Depósito legal: M. 14.234—2001

ISBN 84—239—1934—X

Espasa, en su deseo de mejorar sus publicaciones, agradecerá
cualquier sugerencia que los lectores hagan al departamento
editorial por correo electrónico: sugerencias@espasa.es

Impreso en España/Printed in Spain
Impresión: UNIGRAF, S. L.

ESPASA

Editorial Espasa Calpe, S. A.
Carretera de Irún, km 12,200. 28049 Madrid

ÍNDICE

INTRODUCCIÓN

I

EL AUTOR

DÁMASO ALONSO: VIDA Y FILOLOGÍA

Nace Dámaso Alonso en Madrid el 22 de octubre de 1898. Estudia Derecho (disciplina en la que se licencia en 1919) y se doctora en Filosofía y Letras. Lee poesía desde los años de colegio de jesuitas de Chamartín, particularmente la de los siglos de Oro y Romanticismo y comienza a escribirla a los dieciséis años. Descubre pronto la obra de Rubén Darío, muerto en 1916, y contagia de su entusiasmo, «como yo no había tenido nunca con la poesía de autores de aquellos años» [1], a Vicente Aleixandre en su encuentro en Las Navas del Marqués de 1917. Al año siguiente conoce la obra de Juan Ramón Jiménez, cuyos versos dan paso a un poema de su libro *Poemas puros...* de 1921, y la poesía de Antonio Machado, que le hacen inclinarse decididamente por la Literatura y los estudios de Letras.

En 1922 trabaja de «lector» de español en la Universidad de Berlín y luego en Cambridge, donde

---

[1] *Antología de nuestro monstruoso mundo*, edición del autor coordinada por Margarita Smerdou Altolaguirre, Madrid, Cátedra, 1985, pág. 12.

escribe los poemas de *El viento y el verso* publicados en la revista de Juan Ramón Jiménez. En 1925 regresa a Madrid e intima con el grupo de poetas con quienes habrá de celebrar en 1927 el centenario gongorino.

Fundamental para su formación y producción intelectual es el Centro de Estudios Históricos, en el cual investiga con Ramón Menéndez Pidal al par que colabora en la *Revista de Filología Española* desde 1923, publicación que llegará a dirigir años más tarde.

Destaca como ensayista en 1927, cuando aparecen sus trabajos sobre Góngora y la edición de *Soledades*, poco antes de presentar el Doctorado de tema gongorino que había de continuar con el título de *La lengua poética de Góngora* (1935).

Contrae matrimonio con la escritora Eulalia Galvarriato en 1929, y con ella regresa a Cambridge primero, y después a Estados Unidos, saltando a Oxford y Madrid. Celebra oposiciones y obtiene cátedra en Valencia, desde donde se traslada a la capital de España para ocupar en 1940 la plaza que perteneciera a Menéndez Pidal.

Ha sido catedrático de Lengua y Literatura Española de la Universidad de Valencia entre 1933 y 1939; de la de Filología Románica de la Universidad de Madrid de 1939 a 1968; miembro de la Academia de la Lengua —Institución que dirige desde 1968— y de la Historia, doctor *honoris causa* por numerosas universidades, y profesor visitante en Oxford, Leipzig, Stanford, Hunter College, Columbia, Yale, Johns Hopkins y Harvard.

La Filología, la Historia Literaria y la Creación han sido sus principales dedicaciones. Muchos de sus ensayos y poemas aparecieron previamente publicados en revistas y, aparte de su obra poética y de los estudios gongorinos citados, es autor de libros magistrales e imprescindibles para la investigación filológica y literaria: *La poesía de San Juan de la Cruz* (1942),

Ensayos sobre poesía española (1944), *Vida y obra de Medrano* (1948), *Poesía española: ensayo de métodos y límites estilísticos* (1950), *Seis calas en la expresión literaria española* (1951), en colaboración con Carlos Bousoño, *Poetas españoles contemporáneos* (1952), *Estudios y ensayos gongorinos* (1955), *De los siglos oscuros al de oro* (1958), *Menéndez Pelayo crítico literario. Las palinodias de Don Marcelino* (1958), *Góngora y el «Polifemo»* (1960), *Dos españoles del siglo de oro* (1960), *Primavera temprana de la Literatura Europea* (1961), *Para la biografía de Góngora: documentos desconocidos*, con Eulalia Galvarriato (1962), *Cuatro poetas españoles* (1962), *Del siglo de oro a este siglo de siglas* (1962), *En torno a Lope* (1972), *La «Epístola Moral a Fabio» de Andrés Fernández de Andrada* (1978), junto a las ediciones: *Erasmo: El Enquiridión* (1932), *Poesías de Gil Vicente* (1934), *Poesías de don Luis Carrillo* (1936), *Poesía de la Edad Media y poesía de tipo tradicional* (1942), *Tragicomedia de Don Duardos* (1950), *Antología de la poesía española. Lírica de tipo tradicional* (en colaboración con José Manuel Blecua, 1956), aparte de sus traducciones, la primera de las cuales, *El artista adolescente*, de Joyce, firma con el seudónimo de Alfonso Donado en 1926. La *Obra Completa* ha sido publicada por la Editorial Gredos desde 1972.

En 1978, Dámaso Alonso obtuvo el premio Cervantes de Literatura.

Falleció el 25 de enero de 1990.

DÁMASO ALONSO: POESÍA 1921-1939

Poemas puros. Poemillas de la ciudad, su primer libro de poemas, le cuesta a Dámaso Alonso quinientas pesetas. Es el año 1921. El joven poeta se asoma en estos versos a los temas eternos: la muerte, las mañanas, la ciudad, la palabra inefable. Los poemas que más le interesan son «los tres sonetos que van al principio, especialmente "¿Cómo era?", escrito hacia 1919» [2], que hacen referencia a Juan Ramón Jiménez («¿Cómo era, Dios mío, cómo era?») y a Gustavo Adolfo Bécquer.

A su viaje a Inglaterra en el año 1923 debe *El viento y el verso*, conjunto de poemas y canciones de ansia juvenil por el viento, llamado *forma pura* que representa la búsqueda de ideal [3]; se publica, como hemos dicho más arriba, en la revista de Juan Ramón Jiménez. Dos años después, al llegar a Madrid, recupera las amistades poéticas de Vicente Aleixandre, Rafael Alberti, José Bergamín y Pedro Salinas, a quienes ha conocido con anterioridad, y más tarde entra en contacto con Jorge Guillén, Federico García Lorca, Manuel Altolaguirre y Emilio Prados. El «grupo de amigos» poetas confluye en la celebración del centenario de la muerte de Góngora (1627) —para lo cual es decisiva la contribución ensayística gongorina de Dámaso Alonso—. Celebran un funeral por el maestro cordobés en la iglesia de Santa Bárbara de Madrid, viajan a finales de ese mismo año a Sevilla (según Alonso el viaje se debía a la esplendidez de Sánchez Mejías) donde conocen a Cernuda y leen sus poemas, salvo Dámaso Alonso que pronuncia una conferencia, *La altitud poética de la literatura española*, que después titula «Escila y Caribdis en la Literatura española». Así mantienen la amistad hasta que llega *Poesía española. Antología 1915-1931* (1932) de Gerardo Diego, que los reúne con brillantez de nuevo. En esta obra, Dámaso Alonso incluye una poética en la que hace referencia al objeto del poema («no puede ser la expresión de la realidad inmediata y superficial, sino de la realidad iluminada por la claridad fervorosa de la Poesía») y al sujeto lector

[2] D. Alonso, cit., pág. 19. A propósito de una anécdota con Juan Ramón Jiménez, véase nuestro comentario al poema «Cosa».
[3] A. Debicki, *Dámaso Alonso*, Madrid, Cátedra, 1974, pág. 51.

POESÍA PURA Y CASI EXISTENCIALISTA

(«hacer que el hombre volandero se abstraiga un momento en la velocidad de su camino, hacerle comprender bellamente el mundo, comprenderse a sí mismo y comprenderlo todo»).

A propósito de su grupo poético, Dámaso Alonso ha dedicado sabrosas páginas en el libro *Poetas españoles contemporáneos* que titula «Una generación poética»:

«¿Se trata de una generación? ¿De un grupo? (...). Lo primero que hay que notar es que esta generación no se alza contra nada (...). No hubo un sentido conjunto de protesta política (...). Hubo, eso sí, un violento conato de rompimiento. Se trata del ultraísmo (...). Hay todavía otros movimientos estéticos que pasan las fronteras por esos años inmediatamente anteriores al cuajar de nuestra generación: son los de las artes representativas y también de las aplicadas. Todos se pueden agrupar alrededor del cubismo: son eminentemente técnicos, con un gran odio a la anécdota y a lo sentimental, en ocasiones no sin humor entreverado (...). Queda, en fin, lejos de los anteriores, pero no sin algunas afinidades íntimas con ellos, otro influjo literario: el de Paul Valéry. La coincidencia consiste en el empeño en una rigurosa construcción técnica y en cierta desamorada limpidez. *Asepsia* (en lo poético, en lo pictórico, en lo arquitectónico), ésa era la palabra mágica de entonces...» [4].

La mayoría de los poetas del veintisiete tenían entre ellos —aparte la amistad— semejanza de edades, de cultura (título universitario), y de experiencia (en unos casos la Residencia de estudiantes, en general el Centenario gongorino). Se instalan literariamente dentro de la lírica tradicional española, especialmente Garcilaso, Juan de la Cruz, fray Luis, Quevedo, Bécquer y Antonio Machado, aparte de

---

[4] D. Alonso, *Poetas españoles...*, cit., págs. 159-163.

Góngora. Primero aceptan el influjo y formación en la Vanguardia, sigue el magisterio destacado de Juan Ramón Jiménez (en los primeros libros de Dámaso Alonso también persistirá el de Antonio Machado) y practican la poesía pura y sin argumento, ni sentimiento, ni relación con el contexto [5] tan atacada por Antonio Machado, quien, en la «Poética» incluida en la *Antología* (1932) de Gerardo Diego, les critica: «Me siento, pues, algo en desacuerdo con los poetas del día. Ellos proceden a una destemporalización de la lírica, no sólo por el desuso de los artificios del ritmo, sino, sobre todo, por el empleo de las imágenes más en función conceptual que emotiva.»

A esta primera fase generacional, amistosamente articulada cuando la mayoría ya había publicado su primer libro, corresponden *Imagen* (1922) de Gerardo Diego, *Cántico* (1928) de Jorge Guillén, *Cal y canto* (1927) de Rafael Alberti, *Ámbito* (1928) de Vicente Aleixandre, etc. Alonso cuenta que el culto a Góngora lo trae a España Rubén Darío (que lo toma del simbolismo francés), quien llamó «cisne» al poeta barroco en sus *Cantos de vida y esperanza*. Pero en la España de 1927 sólo ellos —como antes los vanguardistas— lo reivindicaron: García Lorca, a través de la imagen, Aleixandre con el vuelo verbal, Guillén mediante su visión arquitectónica, y Alberti trabajando con la «locura del vocablo bello». Después llega la etapa surrealista:

> «La transformación —cuenta Dámaso Alonso— que se había realizado en la Generación del 27 tiene su principio en el influjo del surrealismo, lo cual no

---

[5] Se apoyan en la tesis de Ortega y Gasset en *La deshumanización del arte* (1925); A. Marichalar, colaborador de *Revista de Occidente*, escribió en Francia que los nuevos lo eran por practicar la «pura creación». La revista *Mediodía* (núm. 1) de Sevilla rezaba que «hoy sólo hay desnudo». Guillén planteaba para el poema su teoría de dominio y rigor, como el mismo Dámaso Alonso hacía en sus *Soledades*.

quiere decir que el 27 tuviera ese influjo fuera del determinante del cambio. En ocasiones hay un elemento que yo llamaría surrealista, aunque no tuviera relación con el surrealismo francés. La expresión poética de, por ejemplo, Federico García Lorca en los poemas iniciales, prescindiendo del *Libro de poemas*, es muchas veces intraducible a un lenguaje lógico. La imagen no es un puro reflejo de una secuencia lógica, tiene algo de invención lógica...» (conversación con Dámaso Alonso).

El propio Dámaso nombra en su obra citada *Poetas españoles contemporáneos* los libros de la nueva era poética: *Pasión de la tierra, Espadas como labios* y *La destrucción o el amor* de Vicente Aleixandre, *Sobre los ángeles* de Rafael Alberti y *Residencia en la Tierra* (1933) de Pablo Neruda.

En los años de la «crecida» generacional, Dámaso Alonso escribe poca poesía. «Me pasaron cosas especiales», dice acerca de este período en su *Antología de nuestro monstruoso mundo*. Entre otras, Alonso viaja e imparte clases en el extranjero, y los poemas que escribe desde 1926 a 1940 pasarán a engrosar, junto con otros posteriores, *Oscura noticia*. Mientras tanto, la poesía de la generación evoluciona y rompe los «juguetes individualistas» [en palabras de Cernuda *(Octubre*, 1933)], aspecto señalado un año antes por Alonso, quien habla de aquella «época de poesía trascendente, humana y apasionada»:

«Creo haber sido —sigue— el primero en observar esta nueva tendencia, y lo expresé así en 1932. Noté cómo los poetas entonces jóvenes, tachados de "poco humanos", habían ido volviendo los ojos hacia temas de la más radical humanidad, y habían pasado en pocos años de la mesura y la contención al más desbordado apasionamiento. "Asistimos pues", decía yo, a un movimiento que podríamos calificar de "neorromántico", por lo que tienen de reacción inmediatamente anterior; pero sin atribuir a tal pala-

bra nada de precisión cualitativa ni cuantitativa.
Nadie podrá negar ahora "humanidad" a la poesía
nueva» [6].

De los años de guerra es «A un poeta muerto»
(«morir es aspirar una flor nueva»), poema que junto
con otros constituirá su libro *Oscura noticia*, publica-
do, como HIJOS DE LA IRA, en 1944. Es un texto que,
según el escritor:

> «Está escrito en Valencia en la guerra, en 1936 ó
> 1937, cuando llegó la noticia, que teníamos allí por
> muy dudosa, de la muerte de Lorca. El poema tiene
> algunas cosas que le inclinan algo hacia Lorca, sin
> que se refiera exactamente a él. Más tarde, en 1940,
> cuando fui una vez a Granada, hice un poema "En-
> tre Alfacar y Víznar" donde se suponía sepultado a
> Federico» (ibídem).

Oscura noticia es un poemario dedicado a Miguel
de Unamuno y Antonio Machado, «dos muertos que-
ridos» y catárticos para la España de posguerra, un
libro estrictamente antológico con sonetos de antes y
después de la guerra, cuyo título le viene de San Juan
de la Cruz («Esta noticia que te infunde Dios es
oscura»). Además de cantar al poeta muerto, con
voluntaria reminiscencia del escritor austriaco Hof-
mannsthal [7] y de incluir «El viento y el verso», los
sonetos y poemas hablan a la noche, a la muerte, a la
belleza de una muchacha y a las bíblicas ciervas.

_____

[6]   D. Alonso, *Poetas españoles...*, cit., págs. 173-174. Líneas
más adelante señala los pudores de los comienzos generacionales,
el exceso de preocupación técnica, aunque suele ser indulgente:
«Pero aún en aquellos mismos versos, escarbando un poco, se
encontraba la pasión que se quería ocultar», pág. 175.

[7]   «Es un pasaje que está en la parte II de mi poema, desde, más
o menos, el verso "¿Dónde te lleva tu memoria ausente?" hasta el
final de esa parte.» D. Alonso, *Poemas escogidos*, cit., pág. 191.

Incluye además un bloque de poemas titulado «Tormenta» fechado en 1926 [8]. En *Oscura noticia* ya aparece la angustia, la protesta y la autoimprecación, eje de la poesía damasiana junto al silencio de Dios.

Durante la guerra española la generación se dispersa, anticipó de lo que va a ocurrir definitivamente en 1939. Rafael Alberti, ya radicalizado políticamente, lo visita dos veces en Valencia. Aleixandre continúa en Madrid. Pedro Salinas, de la Universidad de Santander pasa a Estados Unidos. Jorge Guillén atraviesa la Península desde Sevilla para permanecer en Pamplona. La reunificación de los amigos después de los tres años de enfrentamiento no tiene ya sentido. Años más tarde, en 1948, Dámaso Alonso se encontrará con Rafael Alberti en Buenos Aires y con Pedro Salinas en Estados Unidos.

II

LA POESÍA DE PRIMERA POSGUERRA HASTA 1944

1. MAESTROS Y TENDENCIAS

Tres son los pilares próximos sobre los que se reconstruye la poesía a partir de 1939: Juan Ramón Jiménez, Miguel de Unamuno y Antonio Machado. Juan Ramón, que se había conectado en su tiempo con las corrientes simbolistas europeas, asimilador y superador del modernismo de Rubén Darío —presente a su vez en la compleja obra de Manuel Machado—, marca con su influencia la lírica española del 27, parte de cuyos miembros dejarán honda huella en los escritores después de la guerra (bástenos

---

[8] «La tormenta encarna las fuerzas destructivas opuestas a la belleza, a la ilusión, la poesía», A. Debicki, 1974, cit., pág. 53.

recordar la presencia simbolista de Jorge Guillén sobre José García Nieto)[9]. Unamuno pasará a la crítica de posguerra como un escritor religioso, siendo una «recuperación» de estos años, a pesar de la intransigencia de muchos sectores de la cultura que se negaron a reconocerlo. Su presencia en las antologías como tal lo hace encabezar una corriente poética religioso-existencial, alrededor de la cual se aglutinaron escritores sinceros y escritores oportunistas[10]. Y por último, Antonio Machado, quien pasará a la poesía de posguerra como el «poeta de la palabra en el tiempo»[11].

Dos poetas más de principios de siglo están también presentes con su actividad literaria en los cuadros de las publicaciones de este lustro: Manuel Machado y Pío Baroja; este último publica su único libro de poemas en 1944.

En este marco, la generación del 27 —algunos la llamarán del 25—, que había sido considerada como la vanguardia del país en materia poética hasta 1936-1939, una vez transformada por el nivel de entrega

---

[9] Aunque hay que señalar que tras el estallido de la guerra civil, la generación del 27 se hace antisimbolista, «aferrada a la realidad del tiempo histórico» [J. M. Castellet, *Un cuarto de siglo de poesía española*, 4.ª edición (1966), pág. 57].

[10] E. Alarcos Llorach, *La poesía de Blas de Otero*, Oviedo, 1955, págs. 8-9.

[11] Dionisio Ridruejo, en su prólogo a las *Poesías Completas* de don Antonio (Espasa-Calpe, Madrid, 1941, 5.ª edición), titulado «El poeta rescatado», manifestaba: «No debió serlo, pero fue un enemigo. Esta confesión es preciso dejarla hecha con rudeza en este prólogo.» Sin embargo, «no podemos resignarnos a tener a Machado en un concepto de poeta nefando, prohibido y enemigo. Por el contrario, queremos y debemos proclamarlo —cara a la eternidad de su obra y de la vida de España— como gran poeta de España, como gran poeta "nuestro"» (Prólogo, págs. XI-XII). Este prólogo se publicó igualmente en el primer número de la revista *Escorial*, dirigida por el propio Ridruejo; y si por una parte incurre en una parcialidad manifiesta, por otra revierte a los planteamientos de «recuperación» cultural que define a la generación anteriormente aludida.

Desafíos a la generación del 27

ideológica a una de las zonas en contienda, estaba amenazada con desaparecer de las corrientes poéticas de influencia al acabar la guerra, por la muerte y el exilio de la mayoría de sus miembros. «Hace años Luis Cernuda dijo: "España ha muerto"; Juan Larrea aseguró: "España ha muerto." Se equivocaron», afirma Max Aub en 1954 [12].

Quedaban las raíces de una poesía nueva que fructificaría en las publicaciones de mediados de los años cuarenta. Y quedaban tres maestros de la generación del 27 todavía sobre el suelo de España: Vicente Aleixandre, Dámaso Alonso y Gerardo Diego. Estos tres poetas, junto a la influencia soterrada que promovían en el ambiente cultural de aquellos años las obras de Lorca, Alberti, Guillén o Cernuda, de manera muy restringida todas ellas (a lo que cabe añadir, desgajándolo del grupo del 36, en el que tradicionalmente se le incluye, la de Miguel Hernández en sus obras publicadas hasta 1939), actuarán de una u otra forma sobre los movimientos poéticos que surgirán en España a partir de la terminación de la guerra.

La tríada Aleixandre-Diego-Alonso constituirá un pilar fundamental para la aparición de la nueva poesía. Aleixandre, desbordado, aunque seleccionándose sobre las manifestaciones literarias procedentes de las generaciones jóvenes, convirtió su casa en una verdadera escuela: *Sombra del paraíso* será uno de los libros que trastoque la expresión lingüística y formal de esos años, un canto a la materia, sintetizador de las experiencias vanguardistas de anteguerra. Dámaso Alonso, entregado a su investigación universitaria, forzado por circunstancias de aislamiento voluntario, elaboraba por estos años el que habría de ser su mejor libro: HIJOS DE LA IRA, modelo de poesía «impu-

aislamiento voluntario de Alonso

---

[12] M. Aub, *Poesía española contemporánea*, Era, México, 1969, pág. 174.

ra», surgirá contra las corrientes esteticistas y las pervivencias de un surrealismo trasnochado. Mientras que Gerardo Diego, profuso colaborador desde 1936 en todas las revistas que lo requerían, indistintamente, reedita en este lustro sus obras *Manual de espumas* [13] y *Poemas adrede* [14] y da a conocer poemas de creación anterior no publicados: *Ángeles de Compostela* [15], *Alondra de verdad* [16], *Romances* [17] y *La sorpresa* [18].

Simultáneamente, en este horizonte de influencias, encontramos la llamada «generación de 1936» —no vamos a entrar aquí a precisar la exactitud o no de este calificativo—, en la que destacarán Luis Felipe Vivanco, Luis Rosales, Juan y Leopoldo Panero y Dionisio Ridruejo, de los que Gerardo Diego, en su artículo ya citado «La última poesía española», decía: «aparecieron cobijados bajo la enseñanza de Garcilaso, a la que siguieron o acompañaron desde su arranque las del divino Herrera y el heráldico Quevedo» [19], aludiendo a la trayectoria poética que habrían de recorrer partiendo de posiciones esteticistas hasta llegar a actitudes más realistas y críticas. Su agrupación poética coincidirá con la celebración del homenaje a Garcilaso en 1936 mientras se autodefinen seguidores de un «realismo intimista trascendente»,

---

[13]   *La Lectura*, Madrid, 1924, y Madrid, 1941 (2.ª edición).

[14]   *Méjico*, 1932. La primera edición completa es de Editorial Hispánica, «Colección Adonais», Madrid, 1943.

[15]   Ediciones Patria, Madrid, 1940.

[16]   Ediciones Escorial, Madrid, 1941. De este mismo año es la *Primera Antología de sus versos*, Espasa-Calpe, Madrid.

[17]   Selección (1918-1941) y prólogo del autor, Ediciones Patria, Madrid, 1941.

[18]   Consejo Superior de Investigaciones Científicas. Publicaciones de *Cuadernos de Literatura Contemporánea*, Madrid, 1943.

[19]   Delibes, «el hermetismo de nuestras fronteras permite escasos contactos con el exterior». Encuesta publicada en el número dedicado a la «generación del 36» por *Ínsula*, 224-225 (julio-agosto de 1965).

en expresión contradictoria de Vivanco. Estos escri-
tores, pasado el tiempo, serán el armazón poético de
la revista *Escorial* (y no, curiosamente, de la revista
Garcilaso). Exceptuando a Dionisio Ridruejo, que
publicó siete libros de versos hasta 1944, los restantes
escritores darán a luz sus mejores obras fuera del
tiempo que estudiamos. No obstante, Rosales, consa-
grado como poeta desde 1935 por su libro *Abril*[20],
publica en 1940 el libro de versos *Retablo sacro del
nacimiento del Señor*[21], y Vivanco edita *Tiempo de
dolor*, escrito durante la contienda civil y aparecido
también en 1940[22].

2. LOS TEMAS DE LA POESÍA EN ESTOS AÑOS

En cuanto a los libros, no fue generosa la inven-
ción poética durante los años que tratamos. Más
dinámica era la actividad de las revistas, empresa
menos individual, que daba una visión compleja de
las distintas corrientes. A pesar de todo, existía una
desorientación marcadísima en lo que se refiere a la
crítica o la creación en todo ese período. «El intelec-
tual de hoy —diría Zubiri en 1945—, si es sincero, se
encuentra rodeado de confusión e íntimamente des-
contento consigo mismo... Confusión en la ciencia,
desorientación en el mundo... Tenemos definida así
una situación por alguno de sus caracteres esenciales:
primero, la positivación niveladora del saber; segun-
do, la desorientación de la función intelectual; terce-
ro, la ausencia de vida intelectual»[23]. Esta valoración
no puede ser más aclaratoria. Era preciso buscar un
nuevo rumbo. Rápidamente, al igual que en todos los

---

[20] Ediciones del Árbol, Cruz y Raya, Madrid, 1935.
[21] Ediciones Escorial, Madrid, 1940.
[22] Ediciones Escorial, Madrid, 1940.
[23] X. Zubiri, «La función intelectual», en *Cisneros*, 10 (1945).

órdenes, la poesía se lanzó a la búsqueda de un
«género» nacional. Sólo en casos muy excepcionales
(José Luis Gallego o individualidades como Dámaso
Alonso, Vicente Aleixandre o Victoriano Crémer,
José Luis Hidalgo, Carlos Edmundo de Ory, etc.) la
poesía siguió por otros derroteros.

Durante el año 1939 se conmemora el primer
milenario de la formación de Castilla por Fernán
González [24]. En una Europa germanizada y belicista,
ideólogos españoles comentaban: «La sangre gótica
corre por nuestras venas. Todavía sentimos el orgullo
del linaje godo, y un germano fue quien dio a la
hispana gente su máxima empresa y el mito más alto
de su historia» [25]. Se respiran aires de centralismo
cultural: Toledo, El Escorial, Burgos, Soria serán
consideradas como baluartes de la tradición y del
imperio, a la vez que se presenta el fenómeno de las
literaturas periféricas en subordinación con respecto
a la cultura castellana, por lo que no se editan en sus
zonas de origen publicaciones en lenguas vernácu-
las [26]. Es a la luz de las conmemoraciones y los
homenajes que los poetas dedican a nuestros clásicos
donde podemos ver el compromiso literario que ad-
quieren: la celebración de los centenarios de Bos-

[24]   Véase de la revista *Haz* (órgano del SEU, 2.ª época), el
núm. 1, 1939.
[25]   «La cultura en el nuevo orden europeo» (editorial), en
Escorial, VI, cuaderno 15 (enero de 1942), pág. 8.
[26]   Poetas gallegos con libros editados en su lengua natal antes
de la guerra, como Celso Emilio Ferreiro y Álvaro Cunqueiro,
publicarán en estos años sólo en castellano: el primero, *Al aire de
tu vuelo*, 1941, y el segundo una abundante producción periodística
en Madrid. Sólo los poetas de la emigración mantuvieron viva una
poesía testimonial en gallego. En Cataluña, la revista más signi-
ficativa del momento, *Entregas de poesía* (1944-1947) se escribía
en castellano; las primeras publicaciones en catalán, entre ellas
Cementiri de Sinera, de Salvador Espriu, no se editarán hasta
1946. En 1942, Giménez Caballero creía ya en la «tumba del cata-
lanismo». (Véase suplemento literario de *Vértice*, febrero-marzo
de 1942.)

cán[27], Garcilaso[28] y San Juan de la Cruz[29], interpretados muchas de las veces con parcialidad, no son escogidos con carácter retroactivo, sino «como símbolos de posición poética; aún más: vital»[30]. Garcilaso en especial fue la bandera que utilizaron quienes querían compartir la entrega heroica a la patria con la entrega a las musas. Esta versión de Garcilaso provocaría el nacimiento de dos tendencias: la poesía heroica por una parte y el «garcilasismo» por otra. De la primera, una obra muy representativa es la que Luis Rosales y Luis Felipe Vivanco titularon *Poesía heroica del imperio*[31], edición gigantesca si comparamos su volumen (dos grandes tomos) y sus 5.000 ejemplares con las tiradas normales de libros de poesía. El prólogo del tomo primero, «El sentido del imperio en la lírica del XVI», de Luis Felipe Vivanco, es un ejemplo palpable del interés que un sector de la crítica tenía por resaltar esta faceta heroica de entre la enorme complejidad de los poetas clásicos. Era por entonces realmente una aventura el reivindicar a Garcilaso como poeta lírico. La poesía de la Edad de Oro resultó ser «digna compañera del imperio», y el soneto, «verso español por excelencia», con pervivencias en el neoclasicismo hasta la «ruptura romántica». Los poetas, según la antología, estaban divididos en generaciones de acuerdo con el servicio que prestaban al emperador (Garcilaso, Hurtado de Mendoza, Acuña, Cetina) o a Felipe II (Aldana, Virués, Artieda), y la creación heroica considerada como el mejor acento de un poeta, ganando «en verdad y en perfección formal» lo que perdiera «en sinceridad y en

---

[27]   «Homenaje a Boscán», en *Escorial*, IX, Cuaderno 26, diciembre de 1942.
[28]   Recogido en *Cauces*, 2 (julio de 1936).
[29]   «Homenaje a San Juan de la Cruz», en *Escorial*, IX, Cuaderno 25, noviembre de 1942.
[30]   G. Diego, *art. cit.*
[31]   Ediciones Jerarquía, Editora Nacional, Madrid, 1940.

emoción subjetiva»[32]. En el estudio de Vivanco es donde encontramos la clave y el programa del retorno a nuestros clásicos españoles. «Por encima del verbo, de la palabra figurativa aislada, está el verso, la dicción sometida a número, medida y también calidad, y por encima de ésta, su sistema, es decir, para la poética renacentista, la estrofa regular y cerrada»[33].

2.1. La temática del arte por el arte

Como relata José Luis Cano en la *Historia general de las literaturas hispánicas*[34], «contra lo que cabría esperar, los jóvenes poetas que surgen en los primeros años cuarenta no reflejan en sus poemas, al menos de modo directo, la experiencia de los recientes años de guerra fratricida. Como si ninguna tragedia se hubiese abatido sobre las tierras de España», las generaciones que comienzan por aquellos momentos son «...continuadoras de la línea clasicista y formalista iniciada antes de la guerra por Rosales *(Abril)* y Bleiberg *(Sonetos amorosos)* (...), provocando una verdadera epidemia sonetil en muchos jóvenes». Estos escritores manifestaron su desdén por el verso libre y la estética «impura» defendida desde la revista nerudiana de 1935-1936 *Caballo verde para la poesía*[35]. Estamos aludiendo sobre todo a la revista *Garcilaso* y a individualidades como José García Nieto —su fundador—, Jesús Juan Garcés, Rafael Montesinos, Jesús Revuelta. Paralelamente, otros escritores que colaborarán en segundo término en dicha revista se dejan llevar por esta corriente [el mismo

---

[32]   L. F. Vivanco, «Prólogo», pág. XV.
[33]   *Ibíd.*, págs. IX-X.
[34]   Publicada bajo la dirección de Guillermo Díaz-Plaja, Barcelona, 1968; tomo VI (Literatura contemporánea), pág. 755.
[35]   Dirigida por Pablo Neruda. Aparecieron sólo cinco números (Madrid).

carácter de los poetas de posguerra (los que quedaron)

José Luis Cano, Vicente Gaos, Alfonsa de la Torre...]
Los primeros, vinculados estrechamente al molde
clásico del soneto, entraron a ocupar en la España de
recién acabada la guerra los puestos poéticos vacan-
tes por tan precipitadas ausencias. Se encontraban en
«un mundo cortado a la medida» y el aire en que se
mueven estará lleno de idealizaciones, de claridades y
optimismos. Sus maestros próximos eran Gerardo
Diego, Jorge Guillén y Pedro Salinas. Su temática,
fundamentalmente la amorosa.

2.2. *La temática religiosa*

«Después, junto con la tendencia formalista, rena-
ce la poesía de tono religioso. La vuelta a Dios,
sincera o no —que de todo había—, era un portillo
de escape por donde podrían salir vivencias del
poeta, inexplicables sin la envoltura religiosa» [36]. La
observación de Alarcos es exacta al enjuiciar la
enorme profusión de poesía religiosa al acabar la
guerra. En 1944, en las páginas de *Estafeta Literaria*,
se publicó una serie de artículos bajo el lema «O
callar o hablar de Dios», que pretendía esclarecer «las
relaciones que liguen por lo alto y por lo íntimo como
por lo objetivo y por lo subjetivo zonas del espíritu
tan hermanas como la religiosa y la estética» [37].
También a esta serie pertenecen unas declaraciones
de monseñor Cicognani, nuncio apostólico, en las
que manifiesta la «coincidencia entre el esplendor de
la fe del pueblo español y su mejor producción
artística» [38]. Con unas miras más amplias, referido a
la significación y no al tema de la obra literaria, en la
misma sección Eugenio d'Ors afirmará que «no hay

---

[36]   E. Alarcos Llorach, *ob. cit.*, pág. 9.
[37]   F. G. Sánchez Marín, en *Estafeta Literaria*, 6 (30 de mayo
de 1944), pág. 14.
[38]   *Ibídem.*

EL ARTE Y
LA RELIGIÓN

arte verdadero que no sea profundamente religioso» [39]. Lo cierto es que, bien por la existencia de un tipo de poesía religiosa forzada por las circunstancias, bien por el retorno a la mística del XVI, que influye en nuestros líricos de estos años —recuérdese que el homenaje-centenario a San Juan de la Cruz se llevó a cabo en 1942— se vivía en España «una época de religiosidad en la poesía como desde hacía tres siglos no se daba» [40].

Esta corriente llevará tras de sí una doble vertiente de influencias: una, asimilación de la tradición cultural religiosa del XVI, actualizada y vinculada a la cultura de preguerra con replanteamientos formales que seguirán Vicente Gaos, Dámaso Alonso, Blas de Otero, etc., en sus obras *Arcángel de mi noche, Oscura noticia* [41] y *Cántico espiritual*. La segunda, una corriente de poesía religiosa sujeta a moldes clásicos, con una hipervalorada preocupación formal, predominante por entonces. Ejemplos de este tipo de poesía los tenemos en Luis Felipe Vivanco, Luis Rosales, José M. Pemán y Manuel Díez Crespo, autores de *Tiempo de dolor, Retablo sacro del nacimiento del Señor, Poesía sacra* [42] y *La voz anunciada* [43], respectivamente.

En el año 1942, Blas de Otero, a los veintiséis años, da a conocer su *Cántico espiritual*, como homenaje a San Juan de la Cruz. Son poemas que tienen una especial fluidez, incluso en sus momentos más «formales», y asumen la influencia de la poesía del místico:

> Al presentir el golpe de Dios, llevé la mano,
> con gesto doloroso, hacia la abierta flecha [44].

[39] Gutiérrez Durán, en el mismo número de *Estafeta*, pág. 21.
[40] «Lo religioso en la poesía actual», en *Estafeta Literaria*, 13 (15 de septiembre de 1944), pág. 5.
[41] Editorial Hispánica, «Colección Adonais», Madrid, 1944.
[42] Editorial Escélicer, Madrid-Cádiz, 1940.
[43] Ediciones Escorial, Madrid, 1941.
[44] Poema «Cántico espiritual» que abre el libro.

Más adelante la expresión se cargará de significado e irrumpirá irremediablemente con el verso libre. Blas de Otero, en combate perenne con las estructuras poéticas y significativas, imprecará con rebeldía a su última causa: «¡tuércele el cuello al cisne que interroga, / ponlo de pie brillante y decisivo!». Dos años antes había aparecido la *Antología de la poesía sacra*, de Valbuena Prat (Barcelona, Apolo, 1940), que hace un recorrido por la historia de la poética religiosa, arrancando desde Berceo y el Arcipreste hasta los poetas actuales. Sin embargo, en el ambiente general de exaltación heroica y búsqueda imperial, reflejada en todas las manifestaciones políticas y artísticas, no era muy ortodoxo «transformar» la personalidad de escritores «con etiqueta», como eran Garcilaso, Calderón, Lope, y más adelante, los Marquina, Manuel Machado, Adriano del Valle, Luys Santamarina, José María Alfaro, Rosales y Vivanco, al presentarlos como ejemplos de poetas religioso-intimistas, acordes con lo que Valbuena llamaba el «aspecto esencial y primordial de la cultura española: su sentido católico».

3. LA OPCIÓN POÉTICA A COMIENZOS
   DE LOS AÑOS CUARENTA: «EL REPLIEGUE
   AL INTIMISMO.» LAS TENDENCIAS

En la obra de casi todos los poetas que publicaron en estos años se observa un significativo «repliegue al intimismo». Varios críticos han constatado este fenómeno. Alarcos lo explica como «reacción ante una realidad hosca» [45]. Por su parte, José Luis Cano justifica esta actitud en los poetas españoles, «bien

---

[45] Alarcos, *ob. cit.*, pág. 9. Este autor continúa diciendo: «Para acallar los gritos interiores lo más adecuado era distraerse con minucias primorosas y abalorios formalistas.»

por "escapismo", bien por una necesidad inconsciente
de olvidar el drama que acababan de vivir»[46]. Am-
bos coinciden en que esto promueve una «fase acen-
tuadamente formalista», mayor incluso que la obser-
vable en el clasicismo de los del 36. Dionisio Ridruejo
interpretará este «repliegue al intimismo» como prin-
cipio de desilusión tras el momento de fervor nacio-
nalista del 36-39. Pero no se trata sólo de «escapis-
mo», de desilusión consciente, de oposición a un
estado de cosas (en el caso de las *Elegías*, del mismo
Ridruejo, o de Hijos de la ira, de Dámaso Alonso,
aunque por distintos motivos). Sino más bien de un
rechazo de una poética heroica, a consecuencia del
apoliticismo de unos, del individualismo y del escepti-
cismo, surgido de la desolación de los años pasados,
en muchos, intensificado por la situación de cierre
cultural del país. Jesús Revuelta comentará en el
número del primer aniversario de *Garcilaso* que su
director José García Nieto «no terminaba de ver
claramente el porvenir de la poesía heroica»[47], dato
muy significativo del sentir y del quehacer de las
nuevas generaciones.

Por debajo de esta actitud común que acabamos de
mencionar podríamos delimitar en dos amplios cam-
pos las corrientes iniciales de la primera posguerra en
España.

3.1. Tendencia neoclásica

Encontramos en primer lugar una vía neoclásica,
de estructura formalista, que inundará el ambiente
poético de estos años, promocionada desde los orga-

---

[46] J. L. Cano, *Historia general de las literaturas hispánicas,*
pág. 755.

[47] J. Revuelta, «Prehistoria. Un año de Garcilaso», en *Garcila-
so*, núm. 12 (abril de 1944).

nismos culturales oficiales y un sinnúmero de revistas que acogieron esta corriente como exclusiva forma de expresión. Gerardo Diego llama también a esta corriente «neobarroca», y la hace derivar de un antecedente próximo, el poeta Ramón de Basterra, muerto en la década de los veinte[48], tendencia que asumirán D'Ors, Adriano del Valle[49] y la generación del 36[50].

Dentro de esta delimitación neoclásica, distinguimos tres vertientes: religiosa, épica y «pura», que se dan con frecuencia conjuntamente en los mismos autores. Dejando a un lado las manifestaciones épicas, a las que nos hemos referido anteriormente, y que van desapareciendo poco a poco de las publicaciones, la muestra más representativa durante los primeros años cuarenta de esta tendencia neoclásica la tenemos en la revista *Garcilaso* y la actitud «garcilasista». Dicha actitud, que en principio pudiera parecer meramente estética, adopta caracteres de postura vital optimista frente al medio, que tachan de «prosaico». García Nieto, director de la publicación aludida, escribirá una carta-poema dirigida a Victoriano Crémer, afirmando: «Créeme, Crémer, el mundo está bien hecho»[51], significando así su procedencia parcialmente guilleniana.

Algunos de los poetas religiosos de esta vertiente,

---

[48]   En 1939 se publica una *Antología poética* de este autor, «Ediciones Jerarquía», Editora Nacional, Madrid, con prólogo de J. M. Areilza.

[49]   Autor de *Lyra sacra*, Sevilla, 1939, y *Arpa fiel*, Ed. Escorial, 1940.

[50]   El mismo Gerardo Diego, a pesar de las vinculaciones de su magisterio con los jóvenes poetas, comentará: «Quizá resulte ya un poco excesivo este refugio de los jóvenes poetas en la forma, el soneto, por ejemplo.» («Hablando con Gerardo Diego», entrevista por J. García Nieto, publicada en *Arriba*, 5 de septiembre de 1943.)

[51]   Citado por F. Grande en *Apuntes sobre poesía española de posguerra*, Taurus, Madrid, 1970. También aparecido en *Cuadernos para el Diálogo*, extra XIV (mayo de 1969), págs. 43-61.

en especial Vivanco, llamados también poetas «arraigados» por Dámaso Alonso [52], estarán vinculados a la corriente católica, encarnada en José Bergamín y defendida desde la revista de anteguerra *Cruz y Raya*. Con posterioridad, algunos de los miembros de la generación del 36 se aproximarán a la tendencia que definiremos a continuación, y que concretarán en su ecléctico «realismo intimista trascendente», ya mencionado [53].

3.2. *Tendencia existencial con aproximaciones al realismo*

Sus seguidores saldrán por vez primera a la luz de las publicaciones españolas en *Escorial*, y más tarde los dará a conocer la editorial Hispánica por medio de la colección «Adonais». José Luis Cano, secretario de dicha colección, definirá como «neorrománticos» a estos poetas [54], que serán, siguiendo el ritmo de las publicaciones, Rafael Morales [55], José Suárez

---

[52] D. Alonso, *Poetas españoles contemporáneos*, Gredos, Madrid, 1969, págs. 344-348.

[53] Vivanco explicará esto mismo del siguiente modo: «En mi reciente libro *Continuación de la vida* ha quedado reducida, en apariencia, la ambición poética que había en *Tiempo de dolor*. En el fondo, me he tirado de cabeza a lo absoluto —lo mismo en el lenguaje que en la emoción del contenido—; pero a través de lo real, que es el camino más largo, pero por eso mismo más entrañado, para llegar a ello. Esto quiere decir que, poéticamente, cada vez me inclino más al realismo, pero un realismo místico y trascendente. Si me pidiesen la fórmula de mi poesía actual daría ésta: realismo intimista trascendente. El verso vivo debe arraigar siempre no sólo en una experiencia vivida, sino hasta en una concreta situación vital.» [En *Proel*, primavera-estío de 1949, citado por J. L. Cano, en *Poesía española del siglo XX. (De Unamuno a Blas de Otero)*. Ediciones Guadarrama, Madrid, 1960.]

[54] J. L. Cano, *Historia general de las literaturas hispánicas*, pág. 756.

[55] R. Morales, *Poemas del toro*, Adonais, 1943.

Carreño [56], el propio José Luis Cano [57], Vicente Gaos [58], Blas de Otero [59], Carlos Bousoño [60], Carmen Conde [61] y José Luis Hidalgo [62], los «desarraigados», en calificación de Dámaso Alonso [63].

Paralelamente, estos hechos: Dámaso Alonso —tachado de escritor de «versículo o prosa» por Gerardo Diego [64]—, remueve de un zarpazo el palacio de cristal en donde estaban refugiados los adoradores epigonales de la *belleza*, ayudado por la renovación poética de Vicente Aleixandre y por los mal llamados «tremendistas» que anidaban en la revista leonesa *Espadaña*. Avanza el año 1944 y Victoriano Crémer publica *Tacto sonoro* [65], a la vez que Eugenio de Nora, que comienza a definirse en la revista *Cisneros* [66], se descubre poéticamente con sus colaboraciones en *Escorial* [67]. José Hierro, que se añadiría más tarde al grupo también llamado «tremendista», es-

¿ tremendismo?

[56] J. Suárez Carreño, *La tierra amenazada*, Adonais, 1943.

[57] J. L. Cano, *La voz de la muerte*, Adonais, Madrid, 1944.

[58] V. Gaos, *Arcángel de mi noche*, premio Adonais, 1943.

[59] Mención honorífica en el concurso «Adonais» de 1943.

[60] C. Bousoño, *Subida al amor*, Adonais, Madrid, 1945.

[61] C. Conde, que publicara en 1945 en Adonais *Ansia de la gracia*, edita en 1944 *Pasión del verbo*, Madrid, y ya se había dado a conocer como poeta en *Brocal*, poemas en prosa, Ediciones La Lectura, Madrid, 1929.

[62] Su libro *Raíz* es de 1944, Valencia, Ed. Cosmos, por el que recibirá una mención honorífica de Adonais en 1943. *Los muertos* sale al par que *Alegría*, de J. Hierro (Adonais, 1947).

[63] D. Alonso, *Poetas españoles contemporáneos*, págs. 349-358.

[64] G. Diego, *art. cit.* en *Arbor*.

[65] Ediciones Espadaña, León, 1944.

[66] Revista de la que fue crítico literario y donde publicó romances juveniles (núm. 2, 1943) y «Poema en tres tiempos», dedicado a G. Diego (núm. 4, 1943), que termina con una explicación de la redacción, en cierta medida integradora.

[67] Su poema «La cárcel» (*Escorial*, XV, Cuaderno 46, agosto de 1944), significa una conquista importante a niveles expresivos. En 1943 había recibido mención honorífica de «Adonais», colección donde publicará en 1945 *Cantos al destino*.

cribía sus primeros versos en *Proel*, revista santanderina de poesía [68].

Profusión de poetas iniciaron su marcha por un camino nuevo para la poesía, aunque difícil, centrado en: *a*) la ruptura de tabúes poéticos; *b*) un proceso de rehumanización hacia terrenos de reflexión, de búsqueda de nuevos contenidos, de solidaridad, y *c*) una aproximación progresiva al antiformalismo.

No aparecieron espontáneamente. Su lectura, soterrada de la poesía última del 27 —Vicente Aleixandre [69], Cernuda, Guillén, Alberti, Lorca—; el recuerdo de Antonio Machado, las voces de sus compañeros desde el exilio, la susceptibilidad de captación de la situación nacional, y la personal de cada uno, marcan a estos poetas —algunos de ellos de voz ronca— que se basan en la realidad como punto de partida de su obra.

Gerardo Diego, siguiendo todavía esquemas viejos, explicará (al enjuiciarlos como «poetas mordidos por el diente de la *Angustia*»), que se hallaban «contagiados» por el «morbo existencial», del que se mantenían alejados los «sanos y viriles» [70].

[68] Aparecida en 1944. El primer poema publicado de J. Hierro data de 1939 y apareció en *Isla* (núms. 18-19, 1939), el poema «Marzo».

[69] Su libro *La destrucción o el amor* (1935) era, según J. L. Cano, la «Biblia de los jóvenes poetas» de la posguerra. Véase *Antología de la nueva poesía española*, «Antología Hispánica», Gredos, Madrid, 1958, prólogo de J. L. Cano.

[70] Véase G. Diego, *Arbor*, artículo citado.

III

LA REVOLUCIÓN POÉTICA
DE *HIJOS DE LA IRA*

1. EL POETA EN LA POSGUERRA

Si partimos de 1939, comienzo de una etapa complicada para las letras españolas, veremos que el nombre de Dámaso Alonso representó junto con pocos nombres la continuidad de una cultura de preguerra a duras penas sobrevivida. Desde aquellas noticias bibliográficas en la *Revista de Filología Española*, las publicaciones en *Correo Erudito*, en la *Revista de Bibliografía Nacional*, en la revista de *Dialectología y tradiciones populares*, por señalar algunas, hasta sus trabajos en la revista *Escorial*, o su presencia poética en alguna revista de provincias que se sintió por ello respaldada, contienen un cierto tono crítico, testimonial: «Y siempre, siempre, por debajo del arte y de la técnica, corazones humanos alocados por el amor o por la ira, vidas pasajeras que se abrasaron... Sólo vive, sólo perdura la palabra»[71].

Su trayectoria no se concreta en universos de experimentación estética. Dámaso manifiesta su aislamiento, su necesidad de reafirmar —en cosas tan sencillas como una selección de textos— su opción por el camino del dolor y del destierro. Es la línea definitiva de un escritor que tiene como ambición única estrechar la relación con quienes lo leen; relación paternal en ocasiones que él asume bajo una justificación moral: «Entre las manos de la novia, en la cabecera del enfermo, en los rendidos intervalos del que sostiene esta horrible lucha del vivir... Que descansen pensativamente abiertos, estos libros, sobre las rodillas

---

[71] *Escorial*, núm. 43, mayo de 1944, pág. 451.

de los que aman, de los que sufren», dirá en su referencia a las antologías de J. M. Blecua, *Flores y pájaros en la poesía española*, desde las páginas de *Escorial*[72].

Intencionadamente nos hemos referido a la presencia fundamental de Dámaso Alonso en la revista de Laín y Ridruejo. A decir verdad, su presencia en *Escorial* será uno de los factores que prestigien intelectualmente a esta revista frente al escaso nivel de las publicaciones especializadas de aquella hora. Y aunque esta publicación fue tribuna poética de la «generación de 1936», Dámaso lírico aparece abriendo paso a una serie de jóvenes portadores de un revulsivo esquema. Fue en *Escorial* donde vieron la luz los poemas que después compondrían el núcleo principal de *Oscura noticia*, obra a la que se incorporarían entre otros los titulados «A un poeta muerto» —fragmentariamente publicado en las revistas *Lazarillo* y *Garcilaso*[73] durante 1943 sin referencias demasiado precisas, aunque con alusiones lejanas, como hemos visto, a Federico García Lorca, y «La Fuente grande o de las lágrimas», en este caso escrito a propósito de la muerte del poeta de Granada.

«Pero yo no estaba solo —afirmaría más tarde—. ¿Cómo, si la mía no era sino una partícula de la doble angustia en que todos participábamos, la permanente

---

[72]   *Escorial*, núm. 33, julio de 1943, págs. 71-85. *Oscura noticia* se publicaría en la Editorial Hispánica, «Colección Adonais», en 1944, vol. VII.

[73]   *Lazarillo* fue la revista salmantina de corta duración que dirigió en aquella ciudad Antonio Tovar, representante de la línea *Escorial*. Allí publicaría Dámaso Alonso el fragmento I del poema citado, en su número 2, páginas 8 y 9, mayo de 1943. El fragmento II de ese poema fue publicado en *Garcilaso*, la revista de García Nieto, en un intento de vincularse a los maestros supervivientes, aun cuando encarnasen postulados estéticos distintos. Fue en el número 8, diciembre de 1943. Dámaso Alonso asomaría a las páginas de *Mediterráneo*, revista de la Universidad de Valencia, con otro poema, «A un árbol», que pasaría a su libro *Hijos de la ira* con el título de «Voz del árbol», de creación anterior.

DESOLACIÓN, DESCONSUELO

y esencial de todo hombre y la peculiar de estos tristes años de derrumbamiento, de catastrófico apocalipsis? El fenómeno se ha producido en todas partes. Allí donde un hombre se sienta solidario del desnorte, de la desolación universal. Mi voz era sólo una entre muchas de fuera y dentro de España, coincidentes todas en un inmenso desconsuelo, en una búsqueda frenética de centro de amarre. ¡Cuántos poetas españoles han sentido esta llamada!» [74].

He aquí la conmoción de la poesía de Dámaso Alonso y el punto de fricción de esta poesía con la proliferada en el país. Y con una anotación importante: la escisión del grupo del 27 (grupo demasiado complejo para definirlo en bloque, pero con unas características esenciales en cuanto a concepciones, comportamientos, que se rompen sólo en casos excepcionales por individualidades muy definidas), provoca en la persona y en la obra de Dámaso Alonso un conflicto, agravado por las circunstancias dramáticas que motivan esta escisión. Es entonces cuando el poeta se reclina sobre sí mismo; su proceso creador está impregnado de constantes evocaciones, sentimientos de culpa, angustias y nostalgias [75]. El monólogo es la única salida posible dentro del ambiente de incomunicación que impera. Es el resultado de la separación biológica iniciada en el grupo a partir de 1936 hasta sus últimas consecuencias: la muerte, la cárcel, el exilio, o la marginación. La generación del 27, al entregarse volcánicamente a la vida intelectual del país, sacrificó su «pureza» en pro de una poesía dentro de su tiempo, renovadora, al intentar romper además los moldes —incluidos los lingüísticos— de una cultura minoritaria, para hacerla extensiva.

---

[74] *Poetas españoles...*, pág. 349.
[75] Jaroslaw Flys, «La visión del ser solitario que inútilmente intenta romper el muro invisible de su aislamiento se dibuja clara e inconfundiblemente», en *La poesía existencial de Dámaso Alonso*, Madrid, 1968, pág. 300.

Por todo ello, no podemos analizar aisladamente la poética de Dámaso Alonso, protagonista inconfundible de los acontecimientos a los que acabamos de hacer alusión, y presentar su obra más importante sin conectarla con una serie de hechos que incidieron en sus vivencias y en su emotividad, factores fundamentales en la concepción de su poesía.

Ya hemos visto que avanzado el año cuarenta, en un ambiente en que el ritmo y la rima se convirtieron en los dioses poéticos, es donde Dámaso Alonso concreta sus dos libros, *Oscura noticia* e HIJOS DE LA IRA, ambos aparecidos en 1944, reaccionando contra la poesía a lo «Garcilaso», contra la poesía pura y contra los residuos del surrealismo [76]. Frente al esteticismo del momento, Dámaso Alonso proclama ir «por caminos de belleza o a zarpazos» [77], pronunciándose por el verso libre, y la desaparición de tabúes en la expresión poética, demostrando su carácter antiexquisito, antipreciosista: «En cuanto a Paul Valéry, hoy en un cincuenta por ciento, me hiela; en la otra mitad, me aburre; lo que resta lo llena la ofrenda de mi admiración por su virtuosismo técnico. Y aun de esto de la técnica habría que hablar» [78]. A partir de estas intenciones Dámaso Alonso se convierte en cantor de la vida, su tema, según él: «El único tema de la poesía y de todo arte es la vida, es decir, la muerte y el amor» [79].

[76]   Dámaso Alonso, «Yo buscaba una expresión para mover el corazón y la inteligencia de los hombres y no últimas sensibilidades de exquisitas minorías», *Poetas españoles contemporáneos*, pág. 263.

Un estudio formal de la poesía de *Hijos de la ira* lo tenemos en el trabajo de Rafael Ballesteros, «Algunos recursos rítmicos de "Hijos de la ira"», en *Cuadernos Hispanoamericanos*, 1967, núm. 215.

[77]   D. Alonso, *Ibíd.*, pág. 157.
[78]   *Ibíd.*, pág. 164.
[79]   *Ibíd.*, pág. 289.

2. LA APARICIÓN DEL LIBRO

Es éste el marco donde debemos situar la aparición en el año 1944 de los dos libros de Dámaso Alonso (porque *Oscura noticia* sirve de precursor a HIJOS DE LA IRA), fijando en la poesía una tendencia a la comunicación directa con el lector, y aludiendo a la emotividad del mismo. Para su autor, HIJOS DE LA IRA era un libro vertiginoso extendido a todas las ondas: «He dicho varias veces que *Hijos de la ira* es un libro de protesta escrito cuando en España nadie protestaba. Es un libro de protesta y de indagación... Es una protesta universal, cósmica, que incluye, claro está, esas otras iras parciales» [80]. Sus influencias, la literatura bíblica, la poética de la guerra, la expresión cotidiana de la posguerra. El lenguaje «pertenece a un hombre que se expresa a través de un idioma de cierto país y de cierta época». «En *Hijos de la ira* Dámaso Alonso ha forjado un nuevo lenguaje poético a base de nuevos ritmos, uniones de palabras, imágenes; a pesar del énfasis es poesía hablada, no cantada», comentará Elías L. Rivers, en su introducción a una edición de HIJOS DE LA IRA reciente [81].

El propio Dámaso Alonso concreta más adelante: «Habíamos pasado por dos hechos de colectiva vesania que habían quemado muchos años de nuestra vida: uno español y otro universal, y por las consecuencias de ambos yo escribí *Hijos de la ira* lleno de asco ante la estéril injusticia del mundo y la total desilusión de ser hombre» [82]. Quedaban claras, pues, las vertientes del libro.

Hemos hablado de HIJOS DE LA IRA, también, como protesta literaria. Pero ¿fue HIJOS DE LA IRA una

---

[80] D. Alonso, *Poetas españoles contemporáneos*, cit., pág. 193.

[81] Elías L. Rivers, *Dámaso Alonso. Hijos de la ira*, Textos Hispánicos Modernos, Barcelona, 1970.

[82] D. Alonso, *Poetas españoles contemporáneos*, pág. 193.

protesta aislada? Dentro del ambiente de publicacio-
nes de la Península, HIJOS DE LA IRA preconizaba
una estética absolutamente distinta. Sin embargo,
Dámaso Alonso, al publicar este libro, recibió una
ayuda importante: Vicente Aleixandre edita su *Som-
bra del Paraíso*, mientras que en la misma primavera
de 1944 tiene lugar el nacimiento de *Espadaña*. Antes,
los libros de Suárez Carreño y Rafael Morales, de la
colección «Adonais», a los que se podía añadir la
mención honorífica obtenida por Blas de Otero en el
año 1943, y alejándonos algo más, desde un soneto
(«Marzo») de José Hierro, allá por el año 1939, en
Isla, se había comenzado a formar una corriente de
opinión llamada a remover los moldes expresivos de
la poesía. El libro HIJOS DE LA IRA, fue la síntesis, al
vincular una serie de temas cotidianos a una tragedia
personal, habiendo superado los moldes de expresión
academicistas, con la maduración de anteriores for-
mas expresivas. HIJOS DE LA IRA, aparte ya del valor
que objetivamente como testimonio literario tiene,
posee la propiedad de ser considerado por muchos el
«diario íntimo» de una generación, una generación
considerada víctima por sí misma, volcada en una
religiosidad que rozaba el escepticismo, y que pen-
saba, en el fondo, que «la única solución era la
muerte» [83].

3. REPERCUSIONES EN LA CRÍTICA

Tras aparecer HIJOS DE LA IRA, la prensa literaria
más significativa del país le prestó una cierta —aun-
que limitada— atención. *Espadaña*, en su número 2,
de junio de 1944, en el apartado «Poesía y Verdad»,
de Antonio González de Lama, manifiesta la sor-

[83] Jaroslaw Flys, «La poesía existencial de Dámaso Alonso»,
pág. 307.

presa al encontrarse con la realidad fantasmagórica del libro [84]. Y acaba concluyendo: «Dámaso Alonso ha humanizado la poesía y ha descubierto las dos realidades más hondas del hombre: la muerte y Dios.» (temas del libro)

Estafeta Literaria también recoge la crítica del libro, esta vez de la pluma de Leopoldo Panero, titulado «El último libro de Dámaso Alonso», donde trata someramente de la situación de la poesía española de aquellos momentos, al par que sobre el libro: «Una de las cosas que han marchitado tan permanentemente a la actual poesía española es la ausencia de comunicación con el exterior. Esa relación idiomática que ha ido produciendo lentamente en la expresión lírica...», calificando este libro como una «mezcla de lo más sórdido y lo más noble», un conjunto donde el autor se expresa desde dos puntos de vista: la «experiencia» y la «inocencia». Para Leopoldo Panero, HIJOS DE LA IRA está escrito «por un niño prodigio a pesar de sus cuarenta y cinco años... Un niño que nos llama y se llama para ahuyentar a los monstruos que el miedo transparenta y agranda...» [85]. MONSTRUOS?

Para completar esta visión general de la crítica en el momento de la aparición del libro, recordemos el artículo de José Luis Cano, en *El Español*, donde este autor recuerda momentos de su vida de estudiante, relacionada con el magisterio profesoral de Dámaso Alonso. Su interpretación de HIJOS DE LA IRA es, en esencia, la siguiente: «*Hijos de la ira* es un libro de

---

[84] Sobre este aspecto es interesante señalar el trabajo de José Luis Varela, «Ante la poesía de Dámaso Alonso», en *Arbor*, núm. 172, 1960, que califica el mundo de *Hijos de la ira* como «un mundo de alimañas y arcángeles en torrentera, cólera, monstruos, bestias, gritos y contrastes...».

[85] Leopoldo Panero, «El último libro de Dámaso Alonso», en *Estafeta Literaria*, núm. 8, 1944.

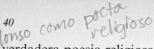

verdadera poesía religiosa, poesía religiosa en su más puro y original sentido, en su sentido dramático y agónico: el hombre clamando a su Dios, invocando desgarradoramente su ayuda...»[86].

También la revista *Cisneros*, aunque con un cierto retraso, saludó el libro, situándolo dentro de una corriente religiosa —«Toda verdadera poesía tiene un valor metafísico, religioso (...). El tono dominante es el dolor. Y por ese dolor asciende a Dios...»—. Demasiado rápido nos parece el juicio de «cierto sabor claudeliano» con que califica los versos de Dámaso Alonso. No obstante, reconoce el trance literario en el que este libro surge: «Son los poetas los que marcan la sensibilidad espiritual del momento. Y es esperanzador el hecho de que ya la poesía brote de las capas más profundas del hombre y se abandone el culto a lo superficial, a lo sensible, a lo anecdótico»[87].

La revista *Garcilaso* destacará el libro, en su número 14, de junio de 1944, mediante un soneto sin firma. El tono de la composición, muy de acuerdo con la sección garcilasiana «Humor y poesía cada día», hace un cierto reproche irónico a Dámaso Alonso, por la tendencia airada de su obra, tan opuesta a los presupuestos «garcilasistas». La composición acaba así:

«Tú, Sancho voluntario, ¿tú fanático?
¿Tú rompiendo las lindes de la estética?
¿Tú suelto? Tú, redondamente hermético.»

De José García tenemos un artículo en *Juventud* el 6 de junio de 1944, carta dirigida por el discípulo al

---

[86]   José Luis Cano, «Ira y poesía de Dámaso Alonso. Memorias de un alumno», en *El Español*, 10 de junio de 1944, pág. 5.
[87]   J. R. C., reseña crítica a *Hijos de la ira*, en *Cisneros*, núm. 11, 1946, págs. 111-112.

maestro, con motivo de la publicación de HIJOS DE
LA IRA[88]. Está muy claro que la poesía de Dámaso
Alonso turbó la paz de los garcilasistas[89]. ✳

LES MOLESTÓ A LOS GARCILASISTAS

4. «HIJOS DE LA IRA»: ¿POESÍA RELIGIOSA?

Un número elevado de críticos, teniendo en cuenta
las condiciones psicológicas del país, sobre todo en
los momentos de la aparición del libro, y viendo la
necesidad de una «revelación superior a la decepcio-
nante realidad»[90], defienden la tesis de la religio-
sidad, que, a su parecer, se esconde tras de HIJOS DE
LA IRA, o se manifiesta parcialmente en algunos frag-
mentos.

De los comentaristas del libro, Leopoldo Panero[91]
y José Luis Cano coinciden en este punto. Posterior-
mente Elsie Alvarado de Ricord observa que «la
poesía de Dámaso Alonso sigue la mística del XVI, los
ojos puestos en Dios»[92]. Luis Felipe Vivanco, por su
parte, hace alusión también a la faceta religiosa de
este libro, que pertenece cronológicamente al movi-
miento religioso literario que «adquiere su máxima

---

[88] José García Nieto, «A Dámaso Alonso», en *Juventud*, Es-
tafeta, 6 de junio de 1944.
[89] Entre la prensa diaria que se preocupó por el libro, cabe
destacar el artículo de Emilio García Gómez en *Arriba* el 21 de
mayo de 1944, y dos días antes, en el mismo periódico, la «Epístola
casi crítica sobre un libro de poemas», de Torrente Ballester.
A esto podemos añadir los escritos firmados por Camilo José Cela
en *Ya*, 4 de julio de 1944, y de Carlos Bousoño, en *Región*, Oviedo,
23 de junio de 1944.
[90] Jaroslaw Flys, «La poesía existencial de Dámaso Alonso»,
pág. 195.
[91] Leopoldo Panero, «La raíz religiosa de estos poemas, la
única raíz posible de toda grande y verdadera poesía lírica», en
Estafeta Literaria, 5 de julio de 1944.
[92] Elsie Alvarado de Ricord, *La obra poética de Dámaso
Alonso*, Madrid, 1968, pág. 33.

extensión o vigencia social a partir del año 1940»[93]. Para él, el libro de Dámaso Alonso se opone a la trivialización de la temática religiosa, «a toda actitud poética religiosa meramente adjetiva... para derramar impetuosamente su voz desde una actitud religiosa sustantiva»[94]. Las palabras de Luis Felipe Vivanco. nos explican hasta qué punto proliferaba la temática religiosa en nuestro país, en algunos casos hasta constituir «moda», y que permitía escribir en verso, bajo cualquier pretexto, a múltiples devotos.

Para dar una idea general sobre lo que al respecto tratamos, es interesante destacar la definición de Elías L. Rivers, opinión sobre HIJOS DE LA IRA que comprobaremos más adelante mediante la lectura de algunos poemas: «Es el prolongado monólogo de un salmista medio ateo»[95]. Y la propia explicación de Dámaso Alonso: «En los poemas de *Hijos de la ira* y en los de *Oscura noticia* se juntan un gran amor a la vida y su execración. La invocación de la primera causa y la negación de toda relación entre ella y nosotros»[96].

5.   «HIJOS DE LA IRA»: ¿POESÍA REALISTA?

Concha Zardoya, en su obra *Poetas Españoles Contemporáneos*[97], opina que esta obra de Dámaso Alonso es «el punto de partida de toda una corriente antirretórica...». Frente a las soluciones idealizadas que propugnaban los nuevos grupos, Dámaso Alonso observa minuciosamente la realidad y relata tal cual lo que se va encontrando. Aunque nada tiene

---

[93]   Luis Felipe Vivanco, «Introducción a la poesía española contemporánea», Madrid, 1971, pág. 98.
[94]   *Ibídem.*
[95]   Elías L. Rivers, *Dámaso Alonso. Hijos de la ira*, pág. 13.
[96]   D. Alonso, *Poemas escogidos*, pág. 199.
[97]   Madrid, 1961, pág. 428.

¿LA REALIDAD?

que ver la poesía de Dámaso Alonso con la imitación fiel de la naturaleza, su análisis está muy próximo a la realidad que diariamente vive.

Este análisis poético de su vida, fundamentado —repetimos— en la realidad, frente al realismo del XIX, lleva a decir a Miguel Jaroslaw Flys en su libro *La poesía existencial de Dámaso Alonso*[98]: «Dámaso nada tiene que ver con el realismo como tal, con la realidad, sí, ya que usa la realidad como punto de partida necesario.» NO REALISTA

Frente a esta serie de matizaciones, haciéndonos cargo de la relatividad de la definición, podemos expresar que la poesía de Dámaso Alonso se inscribe en una corriente fundamentada en la realidad, diferenciándose de estéticas epigonales. REALIDAD como

Los temas del libro son extraídos de la relación punto directa del autor con la vida. El sacar a la luz sus de problemas cotidianos exterioriza una serie de rasgos partida de la realidad (a veces parodiados, a veces agrandados o dramatizados) que inciden en la vida del autor. Se trata de un realismo expresionista, trascendido a RE base de un lenguaje de imágenes en ocasiones de base surrealista. Son una parcela de la realidad en donde se reflejan situaciones extremas, las reacciones de un EX tipo muy determinado de persona ante estas situacio-TRE nes, y su contradicción fundamental: hablar o callar-MAS se. Su libro no es sólo importante para la historia de la poesía de los últimos treinta años. Es un documento necesario para un estudio de la historia de los primeros años de la posguerra en España.

6. «HIJOS DE LA IRA»: ¿POESÍA EXISTENCIAL?

Se ha situado, por algunos críticos, este libro dentro de las corrientes existenciales de moda en Europa por los años cuarenta. Aunque el propio

---

[98] Jaroslaw Flys, *op. cit.*, pág. 46.

Dámaso afirma no dedicar su simpatía a los padres del existencialismo europeo, recogiendo su postura dentro del sentimiento existencial de Unamuno, y rechazando de plano a los filósofos franceses, en él late el grito solidario «con todos los que protestan contra una evidente injusticia cósmica y social» [99]. En su postura está también la desolación creada por la guerra civil y la amenaza de la guerra mundial, acontecimiento decisivo para los filósofos existenciales. El dolor, la angustia, la podredumbre internacional, traen como consecuencia que los escritores se pronuncien con la palabra. Los intelectuales de aquel momento, con sus deseos, irrealidades, sus utópicos planteamientos, hacen coincidir en sus mesas de trabajo a un Kierkegaard, a un Dámaso Alonso y a un Sartre, por lo que tienen de impotentes predicadores en la crisis mundial.

También los escritores mitifican la angustia [100], los fenómenos «inexplicables» y absurdos, negando la presencia de Dios y anunciando la dominación del odio sobre los hombres, mientras que el poeta de HIJOS DE LA IRA no hace sino «condensar esa vaga ráfaga de terror que pasa por el hombre cada vez que por un instante abandona su conducta práctica y se detiene a considerar sus incógnitas radicales y las del mundo» [101].

Tanto HIJOS DE LA IRA como *Oscura noticia* cumplieron una función catártica para el intelectual de

---

[99] Elías L. Rivers, edición y notas de *Hijos de la ira*, página 7.

[100] Las palabras de Leopoldo Panero a este respecto serían las siguientes: «La más alta y la más pura poesía lírica es siempre angustiada», en su artículo «El último libro de Dámaso Alonso», en *Estafeta Literaria*, núm. 8, julio de 1944.

Siguiendo con el mismo fenómeno, el propio Dámaso Alonso manifestaría: «Cargado de pasión el pensamiento ha adquirido una reveladora claridad.»

[101] D. Alonso, *Poemas escogidos*, pág. 194.

entonces, que desarrollaba su vida dentro de unas condiciones difíciles. Refiriéndose al segundo de estos títulos escribiría Leopoldo de Luis: «Guardo entre los recuerdos benéficos de una posguerra dura mis lecturas juveniles de este libro. Su emoción lírica, tan penetrante, me salvó en muchos momentos de desaliento...» [102]. —Salmos de David

7. «HIJOS DE LA IRA» Y LA CRÍTICA POSTERIOR

REVOLUCIÓN POÉTICA

HIJOS DE LA IRA es el libro que, hablando en términos casi absolutos, inicia la poesía grande de posguerra» [103]. Multitud de autores han coincidido en este punto. «Fue una especie de terremoto», comenta Alarcos [104]. «Con *Hijos de la ira* se ensancharon las fronteras poéticas de España», manifiesta Elías L. Rivers [105]. «En 1944 la aparición de *Hijos de la ira* era el comienzo de una nueva poesía en España (...). *Hijos de la ira* es el libro más importante en la formación de las generaciones más jóvenes», asegura Miguel Jaroslaw Flys [106].

Toda esta serie de impresiones están fundadas en el estudio de los movimientos literarios coetáneos: «La poesía española, al callarse la temprana voz de Antonio Machado, representaba el intento de una evasión total de la realidad» [107]. De ahí la significación particularísima del libro. Sin embargo, no debemos centrarlo todo en el impacto que pudo causar este libro —lo queramos o no— especialmente significativo.

LA VOZ ESP. EVASIÓN DE REAL.

---

[102] Leopoldo de Luis, «La poesía de Dámaso Alonso», en *Cuadernos Hispanoamericanos*, núm. 234, pág. 723.
[103] J. P. González Martín, *Poesía hispánica 1939-69*, Madrid, 1969, pág. 52.
[104] «Hijos de la ira en 1944», en *Insula*, mayo-junio de 1958.
[105] *Op. cit.*
[106] Jaroslaw Flys, art. cit., pág. 274.
[107] *Ibídem.*

EVOLUCIÓN DE LA POESÍA ESP DE PG

HIJOS DE LA IRA no surgió solo, no surgió porque su autor se revolvía en su lecho pasando largas horas oyendo ladrar a los perros, o porque estaba harto de ver pasar a una mujer arrastrándose por la acera. Recordemos que estamos en el año de 1944. Han pasado cinco años después de la terminación de una guerra. Cinco años que han servido para autoconfesarse a lo largo de muchas noches, para negarse a sí mismo o para reclamar con voz potente la voz arrebatada. Han pasado cinco años y los canales de difusión de la poesía se diversifican. La épica —mal llamada épica— de los primeros años se va sustituyendo por un tipo de poesía más personal, religiosa, a medida que avanza, consciente de su pasado literario. Dámaso Alonso, con Aleixandre y *Espadaña* (después vendrán *Postismo* y *Cántico*, y antes *Corcel*), se proponen la ruptura del hielo.

En el campo de la poesía fue quizá Dámaso Alonso el sintetizador primero [108], quien oportunamente lanzó su libro en el preciso momento. El libro no se retrasó. Y apareció pequeño, sin pretensiones, con una terrible carga de emotividad que removió la lista de poesía. Si reconocemos en este libro la pertenencia a una corriente en gestación, su salida a la luz tenemos que enjuiciarla como un logro fundamental en el contexto de la poética de posguerra. HIJOS DE LA IRA tiene subjetivamente un valor decisivo en lo que se refiere al problema de la comunicación de un intelectual con la sociedad en la que vive y esa comunicación está buscada con interés y sinceridad. Dámaso Alonso escribía ese libro «para llegar al corazón de

---

[108]   Ya Dámaso Alonso se había anunciado con el libro *Oscura noticia*, que recogía valiosos poemas que en nada tienen que envidiar a los del libro posterior. El inconveniente que tienen es el de la temporalidad tan distinta de unos y otros poemas de los que componen el libro (1924-1943), que hace que resalten individualidades, y no el conjunto general de la obra, como ocurre con *Hijos de la ira*.

los hombres y no para exquisitas minorías» [109], apartándose de los cánones que mandaban en aquellos años para expresarse sencillamente y dirigirse al hombre de la calle. Pero con una técnica brillante.

De ahí la importancia que se le ha dado posteriormente al libro. Félix Grande dirá, en un ensayo sobre la poesía a partir de 1939 [110], que HIJOS DE LA IRA aportó una buena dosis de crispación, y una escritura vociferante, taladradora. La definición más rotunda proviene de Dionisio Ridruejo: HIJOS DE LA IRA es el gran libro del decenio [111].

La localización y valoración más apasionada del libro se debe al desparpajo incomparable de Max Aub, que en el comienzo del capítulo «La poesía en la España de hoy» de su libro *La poesía española contemporánea* describe: Después de la guerra «la primera reacción acontecida (...) fue el intento de vuelta al clasicismo; los garcilasistas se cansaron de hacer sonetos, de los que nadie se acordará. Aleixandre seguía con lo suyo que aprovecharon algunos sin mayor gloria. Nada hay que señalar en esas barrancas hasta la aparición de *Hijos de la ira* de Dámaso Alonso» [112]. Más adelante, el mismo autor lo calificaría como el «único libro español de poesía que vale la pena de los publicados más allá, que vale la pena, digo, y digo bien. Es un gran libro, un gran libro rebelde, como lo son los únicos que cuentan en nuestro mundo injusto» [113].

---

[109] D. Alonso, *Poemas escogidos*, pág. 195.

[110] *Cuadernos para el Diálogo*, XIV extraordinario (mayo de 1969).

[111] Dionisio Ridruejo, «La vida intelectual española en el primer decenio de la posguerra», en *Triunfo*, 17 de junio de 1972, núm. 507, especial, pág. 50.

[112] M. Aub, *Poesía española contemporánea*, Ed. Era, México, pág. 137.

[113] *Ibíd.*, pág. 147.

Por su parte, Carlos Bousoño afirmaría que en este libro «se usaron por primera vez de un modo franco y sistemático y además extremoso hasta el escándalo, las que iban a ser las cualidades sobresalientes de gran parte de la nueva poesía» [114].

Para finalizar con el recuento bibliográfico, recordemos cómo José María Castellet añadiría que esta obra de Dámaso Alonso «rompe virtualmente con el formalismo, irrumpe virulento en el marasmo poético y sacude las consciencias transformando esa poesía de plegarias e imprecaciones generales a la divinidad en confesión profunda, tremenda en algún caso, pero no tremendista» [115]. «La influencia de *Hijos de la ira* —continuaría este autor—, si bien inmediata, no fue muy extensa en los años que siguieron a su publicación. Otros libros menos revulsivos ejercieron una influencia más amplia, pero ciertamente menos profética que la que ofrecía el libro de Dámaso Alonso» [116].

IV

LA LECCIÓN DEL POETA

Dámaso Alonso había sido, como crítico, el artífice del 27 [117]. Sin embargo, su obra poética se detuvo y se mantuvo alejada de la de sus compañeros. Según afirma él mismo las poéticas contemporáneas le helaron el impulso creativo. Necesitó la sacudida de la guerra para reestructurar su voz. Fue entonces

---

[114] Citado por J. M. Castellet, *Un cuarto de siglo de poesía española*, pág. 76.

[115] *Ibid.*, pág. 75.

[116] *Ibid.*, pág. 78. Entre estos libros menos revulsivos incluye *Sombra del Paraíso*.

[117] Lo recuerda M. P. Palomo en *La prosa en el siglo XX (desde 1939)*, Madrid, Taurus, 1988, pág. 46.

cuando, sin haberlo previsto, se define como «desarraigado»:

ARRAIGADO vs. DESARRAIGADO

> «Para otros, el mundo nos es un caos y una angustia, y la poesía una frenética búsqueda de ordenación y de ancla. Sí, otros estamos muy lejos de toda armonía y toda serenidad. Hemos vuelto los ojos en torno, y nos hemos sentido como una monstruosa, una indescifrable apariencia, rodeada, sitiada por otras apariencias, tan incomprensibles, tan feroces, quizá tan desgraciadas como nosotros mismos: "monstruo entre monstruos", o nos hemos visto cadáveres entre otros millones de cadáveres vivientes, pudriéndonos todos, inmenso montón, para mantillo de no sabemos qué extrañas flores, o hemos contemplado el fin de este mundo, planeta ya desierto en el que el odio y la injusticia, monstruosas raíces invasoras, habrán ahogado, habrán extinguido todo amor, es decir, toda vida. Y hemos gemido largamente en la noche. Y no sabíamos hacia dónde vocear» (D. Alonso, cit., pág. 349).

Dámaso Alonso implanta una corriente poética por la que creadores de dos generaciones siguientes habían de definirse, entre ellos Blas de Otero [118], que en *Ángel fieramente humano* recuerda el enunciado y el contenido de HIJOS DE LA IRA y José Ángel Valente, que se refiere a él llamándole «blasfemo de sí mismo / o como un ángel / con un ala y un brazo / en pugna permanente»; también José Agustín Goytisolo y Ángel González...

En un primer momento llamó la atención el sentido religioso (para-religioso, anti-religioso, de HIJOS DE LA IRA). Poco a poco fue basculando ante la crítica hacia una problemática existencial no exenta de at-

---

[118] La poesía de Dámaso Alonso fue para Blas de Otero «un auténtico golpe de azadón removiendo todo el terreno así en lo formal cuanto en el significado». (Véase *Homenaje Universitario a Dámaso Alonso*, Madrid, Gredos, 1970.)

VACÍO DE DIOS

mósfera nietzcheana por su teología negativa al si-
tuarse en el «vacío de Dios» y lo erigieron como
corriente rehumanizadora con la que se cubrió la
mayoría versificadora de los cuarenta-cincuenta. El
libro decía cosas que no todos sabían o podían
escribir, el libro emocionaba, pese a ser a ratos
metafísico, por su angustia amiga, una especie de
«regalo de Dios» que podía recordar al último Ma-
chado. El libro era estremecedor y aliviaba a un
lector en situación de crisis o violencia, y ayudaba
además a conocer la realidad de un hombre que
necesitaba protestar.

Quizá por el peso de las circunstancias históricas
(la posguerra española, el nacimiento de la «poesía
social», etc.), HIJOS DE LA IRA no tuvo la lectura
pausada que merecía entonces sobre la base de una
nueva relación con «lo otro» y con el lector cualifica-
do a través del estilo. Con su modo de hablar, vive
Dámaso Alonso el conflicto del hombre contemporá-
neo perdido en su conciencia angustiada y la poesía
surge como único testigo del drama; el único testigo
que ha de supervivir a la angustia del poeta.

Al explicar el poemario HIJOS DE LA IRA, Dámaso
Alonso había acentuado el sentido de protesta ya
entrevisto por la crítica coetánea: «Las dos emocio-
nes principales son las de terror y asco de la vida que
me rodeaban en España y fuera de ella. Y a ese asco
que producía una protesta se une el deseo de indaga-
ción en la naturaleza de la vida.' Por eso mi libro
en realidad era de protesta dándole un contenido
político sino universal, cósmica, dentro de otras pro-
testas» [119]. *INDAGACIÓN COMO NATURALEZA*

Se situó en la categoría de poetas «vitales» capaces
de poner en cuestión esa fuerza misteriosa, a veces
ciega, a la que se dirige en otras ocasiones como si
fuera un padre más o menos bíblico. El lector debía

---

[119]   Conversación citada.

LAS ESPECIES DE LA ANGUSTIA

imaginar la doble angustia, la esencial del hombre y la particular de aquellos años de derrumbamiento, en tanto que los problemas técnicos del texto parecían resolverse por vía emocional y comunicativa. Al referirse a este conjunto de 26 poemas es consciente su autor de lo que éstos significan: «Aquí no habrá ojos que rimen con enojos y con abrojos... y con labios rojos... Ni si hay alma habrá su poso de calma. No. Aquí ojos rima con espanto y alma rima con Dios.» Está seguro de ir con su «impureza» contra las corrientes neomodernistas y surrealistas de los años cuarenta: «El núcleo principal de *Hijos de la ira* creo que manifiesta de modo bien evidente una voluntad de apartarse de estos predecesores: de la poesía a lo "Garcilaso" con el cultivo del verso libre y a veces libérrimo; de la poesía "pura" con una voluntaria admisión de todas las "impurezas" que aquélla excluía: apasionamiento, a veces sentimentalidad, exclamación, imprecación, contenido argumental, toda clase de léxico, sin esquivar ni el más desgastado por el uso ordinario (ni tampoco el literario cuando haga falta, qué demonio)» escribe en *Poemas escogidos* (pág. 195).

A lo largo de las páginas de HIJOS DE LA IRA el personaje que habla en él se identifica con la condición de exiliado interior («yo me revuelvo y me incorporo en este nicho en el que hace cuarenta y cinco años que me pudro»). Le asoma un niño preguntón que a medida que sufre quisiera estar más cerca de la madre («Espérame en tu sueño. Espera allí a tu hijo, madre mía») y a través de él el lector conocerá lo sórdido y lo bello: una ciudad de un millón de habitantes-cadáveres, un universo de violencia, un caín odioso que al hombre representa, un grito humano de insomne dolor sin futuro posible ni respuesta. El personaje que vive en el libro pasea por la ciudad de los muertos vivientes al par que se pregunta y pregunta en cada una de las visiones, en cada una de las escenas representadas, a cada uno de

los seres y los objetos que encuentra en este itinera-
rio. El horror lo acompaña como una sombra por su
errante existir, cuajado magistralmente en una de sus
visiones, «Mujer con alcuza», emblema interrogante
que lo representa como si fuera un «doble» del poeta.
Salvo los poemas maternales (el concepto de «madre»
es muy abierto en HIJOS DE LA IRA, en él cabe no sólo
lo femenino, sino lo natural, lo inanimado: «Voz del
árbol»), los irracionales («A Pizca», el «moscardón
azul»), que ocupan la parte más cordial del libro, el
resto es una meditación por un espacio de congoja y
de realidad negativa. Miguel Flys y Francisco J. Díez
de Revenga han insistido en ese punto [120].

Como afirma demostradamente Andrew Debicki,
«tal vez la característica sobresaliente de *Hijos de
la ira* sea la actitud angustiada ante la vida que
se expresa en el libro mediante imágenes grotescas,
mediante un lenguaje prosaico y un tono fuertemen-
te emotivo, con versos libres de amplia extensión»
(pág. 62 de *Dámaso Alonso*). Lo importante de HIJOS
DE LA IRA no va a ser lo que diga, sino el modo
cómo articula las palabras. Alonso combina símbolos
y metáforas y crea escenas poemáticas de gran fuerza
estilística. Se deja arrebatar por el verso libre salpi-
cado de formas asonantes y metros regulares que
sustentan esquemas alegóricos. Elías L. Rivers se
refiere a él como un solo poema complejo apoyado
en mitos concretos, como el del paraíso de la infan-
cia, atisbado fragmentariamente en la entrelínea del

---

[120] «En definitiva, un libro en el que el poeta ha promovido un
cambio creando un espacio para sí como poeta (no se olvide que se
trata de un diario íntimo) y las circunstancias "monstruosas" que
le rodean, representadas en criaturas singulares. El mundo "mons-
truoso" es el nuevo contexto que el poeta observa insomne y an-
gustiado revelando el gran sentimiento de soledad y de cansancio
que delimita el clima espiritual del libro, delator de una actitud
definida que va desde la concepción del mundo como "paraíso per-
dido"», F. J. Díez de Revenga, cit., pág. 88.

poema. Andrew Debicki insiste en la cantidad de
técnicas estilísticas de que el poeta se vale «para
forjar un nuevo tipo de expresión poética, perfecta-
mente ajustada a los asuntos que trata» (pág. 65). A
veces el verso largo paralelístico lleva a las lamenta-
ciones de Job, pero no es el hecho de comunicar una
realidad aterradora lo que llega al oído o al corazón
de su lector, sino la existencia de un riguroso orden
rítmico que se comunica con un dominio excepcional
de los recursos del lenguaje[121].

Sin el conocimiento filológico de Dámaso Alonso
no serían comprensibles los versos polimétricos escri-
tos al ritmo del pensamiento, encabalgados a la
manera de Garcilaso o de Hopkins —con su tenden-
cia a la prolongación del verso—, un verso que ya
había utilizado en *Poemas puros*... y que ahora se
precipita en el siguiente. El poeta admirado por las
aliteraciones enmarañadas, esa fuerza que entra por
el oído de la poesía inglesa, no podía menos que
contribuir con este libro a decir, poéticamente, lo que
apostaba con su crítica. Lo mismo ocurre con las
palabras llamadas no poéticas. Las palabras no sir-
ven en HIJOS DE LA IRA para comunicar, las palabras
no figuran sólo por ellas mismas, como asegura Ra-
fael Ferreres, «sino por su valor fonético o plástico o
sensual... La lengua poética de Dámaso Alonso varía
en vocabulario, en giro sintáctico cuando ha cambia-
do de temas. La peculiaridad de su estilo de libros
anteriores no le servía para ofrecernos o manifestarse
en obras como *Hijos de la ira* donde la pasión, la
crítica, la furia y la ternura precisaban otra andadura
estilística por usar este afortunado italianismo intro-
ducido por él»[122].

A eso se une el manejo de la ironía, que conecta
con nuestra era presente con más intensidad que en

---

[121] E. L. Rivers (1970), cit.
[122] R. Ferreres, cit., pág. 232.

los años en que se escribió el libro. Por medio de la ironía, el hablante de HIJOS DE LA IRA percibe su propia miseria, su limitación y la agresión del medio sin que —gracias a ello— le extermine.

Igual ocurre con el Machado último y el Blas de Otero de *Historias fingidas y verdaderas*, Dámaso Alonso suprime las diferencias entre prosa y verso, crea una palabra que ya es de por sí objeto de reflexión metapoética, con la que critica el arte de su tiempo y se recrea en la fórmula del personaje-mediador, esa primera persona tan ficticia y, a la vez, tan biográfica, que alumbra un poema en el que pueden convivir lo humano, lo metafísico y lo estético.

Como profesor que enseña a sus alumnos, Dámaso Alonso intenta explicarnos que la poesía puede decirlo todo, dialogar con el mundo, recrearlo en texto, dar cabida a la lengua coloquial y elevarla a los espacios de mayor lirismo sin prescindir de la tradición literaria mientras se constituye la lengua hablada como norma, reintegrando la palabra al ámbito de su uso: «Porque la decisión de superar lo que el mismo Dámaso Alonso llama "tabús poéticos"», como muy bien escribe Víctor G. de la Concha, «no tiene en él otra finalidad que la de enriquecer la poesía con elementos que hasta entonces se juzgaban inservibles o peligrosos. Comenzando con estos últimos Dámaso afronta el riesgo de la utilización de las pautas del discurso poético barroco y de formas claramente románticas, bien consciente del riesgo del retoricismo en el que tantos venían naufragando; como acepta el riesgo de operar con elementos léxicos o referenciales impuros, a sabiendas del peligro del prosaísmo. Le salvan dos cosas: una potente cosmovisión imaginativa y su propia preparación filológica...»[123].

Sus materiales de acarreo lingüístico son por lo tanto riquísimos y variados en unos años en los que

---

[123]   V. G. de la Concha, cit., pág. 501.

ser poeta podía querer decir ser apuntalador de la ruina, un hacedor de libros capaz de resistir la «zarpa estrujamundos» en desasosegante soledad: «la poesía es temblor que avanza en música a lo largo del ritmo», vino a decir Alonso. Él sabía, no obstante, que escribía una poesía límite y muy difícil de imitar. Por ello seguirá siendo considerada una de las grandes figuras intelectuales y uno de los creadores más audaces del siglo [124]. MUY DIFÍCIL DE IMITAR, AUDAZ

Con HIJOS DE LA IRA Dámaso Alonso ha trabajado con formas no agotadas de creación y por ello propone y seguirá proponiendo al lector y al crítico de hoy nuevas formulaciones.

V

APOSTILLA SOBRE LA PRODUCCIÓN POÉTICA DE DÁMASO ALONSO POSTERIOR A *HIJOS DE LA IRA*

Tras HIJOS DE LA IRA Dámaso Alonso publica *Hombre y Dios* y *Gozos de la vista*. En el «Comentario» a estos poemas en *Poemas escogidos*, Dámaso Alonso se refiere al curso de Harvard que iba a impartir en 1954 y al tormentoso viaje en barco que le precedió, como el lugar en el que se alumbraron los primeros textos de *Hombre y Dios*, obra que fue creciendo en aquella estancia universitaria junto con *Gozos de la vista*:

---

[124] «Ante Dámaso Alonso, nos hallamos, pues, frente a uno de los poetas más originales de nuestro siglo, sobre todo por el hallazgo capital de *Hijos de la ira*, con sus condiciones de gran revulsivo de la cultura de los años cuarenta y con su componente de obra imperecedera, permanente en nuestra literatura», F. J. Díez de Revenga, cit., pág. 110.

«En *Hombre y Dios* la idea del Hombre, centro del
mundo (...) seguramente muchas veces expresada por
otros, en mí procede de Pico della Mirandola, en
quien la encontré netamente plasmada» [125].

Dámaso Alonso atraviesa con *Hombre y Dios* un
período más sereno tras los largos años de insomnio
que alumbraron HIJOS DE LA IRA. Quizá por esto el
poeta asegura estar más contento de este libro que de
los anteriores. Tanto en *Hombre y Dios* como en
Gozos de la vista se pregunta por el sentido de la vida
del hombre, apareciendo distintas concepciones del
existir, pero en el primero de ellos se habla con una
perspectiva universal mientras que en *Gozos de la
vista* se llega a particularizar narrando los efectos del
cosmos en la mirada del poeta.

En *Hombre y Dios*, con «Prólogo» y «Epílogo», la
primera persona vuelve a nombrarse mientras man-
tiene el antiguo conflicto creado entre el hombre y la
primera causa, como si fuera una prolongación de
«Dedicatoria final» de HIJOS DE LA IRA. Afirma
Andrew Debicki que la estructura del libro, el énfasis
que muestra cara a preguntas absolutas y su resolu-
ción «puede hacer quizás de *Hombre y Dios* algo
menos inmediato, menos próximo a la angustia par-
ticular de los seres humanos que *Hijos de la ira*»; de
ahí que el autor armonice en el libro las antiguas
violencias por vía de la ternura, con regresos verbales
al paraíso de su infancia.

Gozos de la vista es presentado por Dámaso Alonso
como un poemario de estructura compuesta: «cada
una de sus partes (a veces muy breves) versa sobre
un tema de la vista humana» [126]. Las visiones, presi-
didas por los desvelamientos de la luz, cuentan la re-
creación de un mundo por la voz del poeta, sensible a

[125]   D. Alonso, *Poemas escogidos*, cit., pág. 204.
[126]   *Ibíd.*, pág. 205.

los efectos de lo real exterior. Es poesía de un cuerpo que celebra el descubrimiento de la luz, un himno al ojo y a la lengua creadora.

La humanidad aparece como ciego irredento, pero al mismo tiempo el humor de Dámaso Alonso concilia la obstinada pregunta en la oquedad con la acción de gracias por el mirar; he aquí un festín de colores y de sombras —a veces de humoradas como ocurre con *Canciones a pito solo*— que contrarresta el dramatismo de las preguntas sin respuesta. Dámaso Alonso asoma en este libro como un hombre consciente de su limitación [127] sin renunciar a la voz poética que inquiere y sigue inquiriendo en la frontera.

Si en un principio el espacio poemático había sido lugar de la confrontación, el ser que se nos muestra en los últimos años de la poesía de Dámaso Alonso suma nostalgia y deseo de trascender dentro de un universo panteísta creado por el verbo:

> «Cuando yo te llamo "Dios" te devuelvo todas las sensaciones, / toda la miel y el oxígeno, todo el incendio y tus estanques, / y la circunvalación de mis glóbulos, / y mi ser y mi existir, y las tenebrosas galerías de mi origen y mi desconocida causa. / Recíbeme en lo único que te puedo dar, en ese nombre con que te nombro, / "DIOS"» [128].

Los últimos poemas publicados en libros aparecieron en *Duda y amor sobre el ser supremo* (1985), variaciones sobre el tema del alma, con igual sentido del humor y no menos conflicto (ya amainado por la ternura hacia todas las cosas) proyectado como razón universal, e incierta, de terminal amor. Rafael Ferreres asegura que «La voz se ha sosegado en parte, se ha hecho ponderada, va por caminos de caliente serenidad, de resignado dolor, de angustia

---

[127]   A. Debicki, *Dámaso Alonso*, cit., pág. 109.
[128]   Poema «Invisible presencia» de *Gozos de la vista*.

humana ante lo que quisiéramos y no podemos solucionar y hasta para dar mayor rigor y disciplina a sus ideas y pensamientos ha buscado las formas exactas de los sonetos, cuartetos, y, también como siempre en toda su poesía, la libertad del verso sin estrofa y sin rima» [129].

FANNY RUBIO.

[129]   R. Ferreres, *Aproximación a la poesía de Dámaso Alonso*, 1976, pág. 190.

BIBLIOGRAFÍA

I. Bibliografía poética de Dámaso Alonso

Poemas puros. Poemillas de la ciudad, Madrid, Galatea, 1921; 2.ª ed. con *Gozos de la vista y otros poemas*, Madrid, Espasa-Calpe, 1981; 3.ª ed. *Vida y Obra: «Poemas puros, poemillas de la ciudad». Hombre y Dios*, Ediciones Caballo Griego para la Poesía, Madrid, 1984; Introducción de Dámaso Alonso a *Vida y Obra* en *Antología de nuestro monstruoso mundo...*, Madrid, Cátedra (post. cit.), 1985.
El viento y el verso, pliego suelto de *Sí*, Madrid, 1925.
Oscura noticia, Madrid, Hispánica (colección Adonais), 1944. Con *Hombre y Dios*, Madrid, Espasa-Calpe, 1959.
Hijos de la ira. Diario íntimo, Madrid, Revista de Occidente, 1944; edición aumentada, Madrid, 1946; ediciones críticas de Elías L. Rivers, Barcelona, Labor, 1970, y de Miguel Jaroslaw Flys, Madrid, Castalia, 1986.
Hombre y Dios, Málaga, El Arrollo de los Ángeles, 1955. Con *Oscura noticia* en Espasa-Calpe (cit.) y con *Poemas puros...* (cit.).
Tres sonetos sobre la lengua castellana, Madrid, Gredos, 1958.

Poemas escogidos (Antología), Introducción y comentario del autor, Madrid, Gredos, 1969.

Gozos de la vista. Poemas puros. Poemillas de la ciudad. Otros poemas, Madrid, Espasa-Calpe, 1981.

Antología de nuestro monstruoso mundo. Duda y amor sobre el Ser Supremo, Edición del autor coordinada por Margarita Smerdou Altolaguirre, Madrid, Cátedra, 1985*.

Poemas publicados en revistas (selección)

«El español», en *Nueva Etapa*, XXI, núm. 1, 1917, págs. 11-13.

«Nuestras vidas son los ríos / que van a dar en la mar / J. M.», en *Nueva Etapa*, XXI, núm. 2, 1917, páginas 145-147.

«A S. M. el Rey D. Alfonso XIII», en *Nueva Etapa*, XXI, núm. 3, 1918, pág. 174.

«Del camino castellano», en *Nueva Etapa*, XXI, núm. 3, 1918, págs. 188-192.

«Madrid. Calles de tradición», en *Nueva Etapa*, XXI, núm. 4, 1918, págs. 251-254.

«Canción optimista», cn *Nueva Etapa*, XXI, núm. 5, 1918, págs. 322-324.

«M. R. P. Marcelino Arnaiz, rector de esta Universidad», en *Nueva Etapa*, XXI, núm. 6, 1918, frontis.

«Lucía», en *Nueva Etapa*, XXI, núm. 6, 1918, páginas 480-485. Seis sonetos.

«Oración», en *Nueva Etapa*, XXII, núm. 1, 1918, página 4.

«País espiritual», en *Nueva Etapa*, XXII, núm. 1, 1918, pág. 14.

---

*   Entre las Antologías dedicadas a Dámaso Alonso queremos destacar: *Antología: Creación* (1956), preparada por Vicente Gaos, *Antología poética* (1979) de Philip W. Silver, y *Dámaso Alonso para niños* (1985) de María Asunción Mateo.

«Los vencidos», en *Nueva Etapa*, XXII, núm. 2, 1918, págs. 118-121.

«Visión de primavera», en *Nueva Etapa*, XXIII, núm. 5, 1919, págs. 409-413.

Ángel Cándiz (seudónimo), «Poema ultraísta», en *Grecia*, III, núm. 41, 1920, pág. 11.

«A un árbol», en *Mediterráneo*, núms. 1-4, 1943, páginas 11-12.

«A un poeta muerto» (I), en *Lazarillo*, 2, Salamanca, 1943.

«A un poeta muerto» (II), en *Garcilaso*, 8, Madrid, 1943.

«A la Virgen María», en *Espadaña*, 9, 1944.

«Descubrimiento de la maravilla», en *Ínsula*, X, núm. 109, 3, 1955.

«La mosca envenenada o la gran socaliña», en *Caracola*, IV, núm. 40, febrero de 1956.

«Invisible presencia», en *Papeles de Son Armadans*, I, 1956, págs. 73-79.

«El corcel», en *Caracola*, IV, núm. 42, 1956.

«Memoria de la vista», en *CHA*, núm. 85, 1957, páginas 31-32. *(Cuadernos Hispanoamericanos.)*

«Gabriela Mistral», en *Ínsula*, núm. 123, 1957, pág. 4.

«El valle», en *Mundo Hispánico*, IX, 1957, pág. 13.

«Poema inédito. El deseo. La canción nueva. La canción vieja», 1919, en *Índice de Artes y Letras*, XII, núm. 120, 1958, pág. 12.

«La ternura», en *PSA*, núms. XXXII-XXXIII, 1958. *(Papeles de Son Armadans.)*

«Poesías ocasionales», en *PSA*, XI, núms. 32-33, 1958, págs. 126-148.

«A E. Gutiérrez Albelo», en *Gánigo*, núm. 33, Isla de Tenerife, 1958.

«A Vicente», en *Cuadernos de Agora*, núms. 28-29, 1959, pág. 7.

«Última noche de la amistad», en *Ínsula*, núm. 193, 1962, pág. 3.

«Para velar a Emilio Prados», en *Ínsula*, núm. 187, pág. 7.

II. Bibliografía sobre el poeta
    Dámaso Alonso

AGUIRRE, F.: «Incidente con *Hijos de la ira* y *Oscura noticia*», en *CHA*, núms. 280-282, 1973.

ALARCOS LLORACH, E.: «*Hijos de la ira* en 1944», en *Ínsula*, núms. 138-139, 1958, pág. 7.

ALBORG, J. L.: «Dámaso Alonso and Contemporary Criticism», en *BA*, XLVIII, 1974, págs. 307-318.

ALEIXANDRE, V.: «Dámaso Alonso sobre un paisaje de juventud», en *Ínsula*, 138-139, mayo-junio de 1958, págs. 1-2.

ALONSO, D., y BOUSOÑO, C.: *Seis calas en la expresión literaria española*, Madrid, Gredos, 1951.

ALVAR, M.: «La "noche oscura" de Dámaso Alonso», en *CHA*, núms. 280-282, 1973, páginas 112-135.

ALVARADO DE RICORD, E.: *La obra poética de Dámaso Alonso*, Madrid, Gredos, 1968.

AUB, M.: *Una nueva poesía española (1950-1955)*, México, Imprenta Universitaria, 1957.

AUB, M.: *Poesía española contemporánea*, México, Era, 1969.

ASÍS, D.: *Antología de poetas españoles contemporáneos. 1936-1970*, Madrid, Narcea, 1977.

BÁEZ SAN JOSÉ, V.: *La estilística de Dámaso Alonso*, Sevilla, Universidad, 1971.

BALLESTEROS, R.: «Algunos recursos rítmicos de *Hijos de la ira*», en *CHA*, núm. 215, 1967, páginas 371-380.

BELCHIOR, M. DE L.: «Podredumbre y esperanza en *Hijos de la ira*», en *Ínsula*, núms. 138-139, 1958, pág. 8.

BENITO DE LUCAS, J.: *Literatura española de posguerra*, Madrid, UNED, 1979.

BENITO DE LUCAS, J.: *Palabras de presentación de don Dámaso Alonso*, en Dámaso Alonso, *Refle-*

xiones sobre mi poesía, Madrid, Escuela Universitaria de Formación del Profesorado de EGB «Santa María», 1984.

BERMEJO, J.: «Caza de amor (Dámaso Alonso y San Juan de la Cruz)», en *CHA*, núms. 280-282, 1973, págs. 356-371.

BLANCO, A.: *La poesía de Dámaso Alonso*, Tijuana (México), Atenea, 1963.

BLEIBERG, G.: «Dámaso Alonso, *Hijos de la ira*, América», en *RO*, XXV, 1969, págs. 231-237.

BOUSOÑO, C.: «La poesía de Dámaso Alonso», en *PSA*, XI, 1958, págs. 256-300.

BUGELLA, J. M.: «La ira precursora de beatitud», en *Levante*, Valencia, 25 de mayo de 1944.

CABALLERO BONALD, J.: «El descrédito del héroe», en *CHA*, núms. 280-282, 1973.

CANALES, A.: «Ipsa Aquas», en *CHA*, núms. 280-282, 1973.

CANO, J. L.: «Ira y poesía de Dámaso Alonso», en *El Español*, junio de 1944.

CANO, J. L.: *Poesía española del siglo XX. De Unamuno a Blas de Otero*, Madrid, Guadarrama, 1960.

CANO, J. L.: *Antología de los poetas del 27*, Madrid, Espasa-Calpe, Austral, 1982.

CANO, J. L.: «Dámaso Alonso, *Vida y obra. Reflexiones sobre mi poesía*», en *Ínsula*, núms. 456-457, 1984.

CANO BALLESTA, J.: *La poesía española entre pureza y revolución*, Madrid, Gredos, 1972.

CASTELLET, J. M.: *Veinte años de poesía española (1939-1959)*, Madrid, Seix y Barral, 1960.

CASTELLET, J. M.: «El año 1944» en la introducción de *Un cuarto de siglo de poesía española (1939-1964)*, Barcelona, Seix y Barral, 1966, páginas 73-79.

CELA, C. J.: «*Hijos de la ira*», en *YA*, 4 de julio de 1944, pág. 3.

CELAYA, G.: «A Dámaso Alonso», en *CHA*, números 280-282, 1973.

CILLERUELO, J. A.: «Alonso por Dámaso», en VV. AA., *Dámaso Alonso*, 1988, págs. 69-90.

CIPLIJAUSKAITE, B.: *El poeta y la poesía*, Madrid, Ínsula, 1966.

CIRRE, J. F.: *Forma y espíritu de una lírica española (1920-1935)*, México, Gráfica Panamericana, 1950.

CODDOU, M.: «Notas para otra crítica: ¿Por qué los "monstruos" de Dámaso Alonso?», en *CHA*, números 280-282, 1973, págs. 142-161.

CORREA, G.: *Poesía española del siglo XX*, Nueva York, Appleton Century-Crofts, 1972.

CORREA, G.: *Antología de la poesía española*, Madrid, Gredos, 1980.

CHABAS, J.: *Literatura española contemporánea, 1898-1950*, La Habana, Cultural, S. A., 1952.

CHAMPOURCIN, E.: *Dios en la poesía española actual*, Madrid, Editorial Católica, 1970.

CHÁVARRI, R.: «Notas para una interpretación de la poesía de Dámaso Alonso», en *CHA*, núms. 280-282, 1973.

CHIARINI, G.: «Presentazione» de su traducción *Figli dell'Ira*, Florencia, Vallecchi, 1967, págs. IX-XVIII.

DEBICKI, A.: «Symbols in the Poetry of Dámaso Alonso», en *Hispania*, XLVII, 1964, págs. 722-733.

DEBICKI, A.: «Dámaso Alonso's View on Poetry», en *Hispanic Review*, XXXIV, 1966, páginas 111-120.

DEBICKI, A.: *«Hombre y Dios»*, en *Estudios sobre poesía española contemporánea*, Madrid, Gredos, 1968, págs. 180-210.

DEBICKI, A.: *«Hijos de la ira* y la poesía temprana de Dámaso Alonso», en *RomN*, XII, 1971, páginas 274-281.

DEBICKI, A.: «Dámaso Alonso en Oklahoma», en *CHA*, núms. 280-282, 1973.

DEBICKI, A.: *Dámaso Alonso*, Nueva York, Twayne Publishers, 1970, Madrid, Cátedra, 1974.

DEBICKI, A.: «Satire and Dramatic Monologue in Several Poems of Dámaso Alonso», en *BA*, XLVIII, 1974, págs. 276-285.

DEVOTO, D.: «Dámaso Alonso entre Escila y Caribdis», en *CHA*, núms. 280-282, 1973.

DÍAZ MARQUÉS, L.: «La temática en la poesía de Dámaso Alonso», en *CHA*, núm. 209, 1967, páginas 231-265.

DIEGO, G.: «Presentación de Dámaso Alonso en la tertulia de la Asociación cultural iberoamericana», en *Ínsula*, núms. 138-139, 1958, págs. 1-5.

DÍEZ CANEDO, E.: «Dámaso Alonso», en *Estudios de poesía española contemporánea*, México, Joaquín Mortiz, 1965.

DÍEZ DE REVENGA, F. J.: *La obra de Dámaso Alonso y su trascendencia social y existencial*, en VV. AA., *Dámaso Alonso. Premio «Miguel de Cervantes» 1978*, Barcelona, Ámbitos Literarios, 1988.

DUST, P. H.: «Dos poemas de Dámaso Alonso», en *CHA*, núms. 280-282, 1973, págs. 189-200.

FERRERES, R.: «La poesía de Dámaso Alonso (Apuntes)», en *Escorial*, núm. 54, 1947, págs. 192-203.

FERRERES, R.: «La poesía inicial de Dámaso Alonso», en *CHA*, núms. 280-282, 1973, páginas 92-111.

FERRERES, R.: *Aproximaciones a la poesía de Dámaso Alonso*, Valencia, Bello, 1976.

FLYS, M. J.: *La poesía existencial de Dámaso Alonso*, Madrid, Gredos, 1968.

FLYS, M. J.: «El pensamiento y la imagen en la poesía de Dámaso Alonso», en *CHA*, núms. 280-282, 1973.

FLYS, M. J.: *Tres poemas de Dámaso Alonso (Comentario estilístico)*, Madrid, Gredos, 1974.

FLYS, M. J.: Edición y prólogo de *Hijos de la ira*, Madrid, Castalia, 1986.

FORRADELLAS FIGUERAS, J.: «Madrid, cementerio
(Larra y Dámaso Alonso)», en *Strenae*. Estudios
dedicados al profesor Manuel García Blanco, Sala-
manca, Universidad, 1962, págs. 193-199.

FRANCO, R. DI: «Continuidad y autenticidad de
temas y actitudes existenciales en la poesía de
Dámaso Alonso», en *CHA*, núms. 280-282, 1973,
págs. 263-273.

GAOS, V.: Prólogo a *Antología: Creación de Dámaso
Alonso*, Madrid, Escélicer, 1956.

GAOS, V.: «Itinerario poético de Dámaso Alonso»,
en *Temas y problemas de literatura española*, Ma-
drid, Guadarrama, 1959, págs. 321-337.

GARCÍA DE LA CONCHA, V.: *La poesía española
de 1935 a 1975*, tomos I y II, Madrid, Cátedra,
1987.

GARCÍA MOREJÓN, J.: *Límites de la estilística: el
idearium crítico de Dámaso Alonso*, Assis, Facul-
tade de Filosofia, Ciencias e Letras, 1961.

GARCÍA NIETO, J.: «"A mi madre" (con verso
de Dámaso Alonso)», en *CHA*, núms. 280-282,
1973.

GARCÍA YEBRA, V.: «Tres viejas dialectológicos con
Dámaso Alonso», en *CHA*, núms. 280-282, 1973,
págs. 239-248.

GENNARO, G. DE: «L'itinerairo poetico di Dámaso
Alonso», en *Letture,* XVIII, 1963, págs. 83-96.

GEZZE, CH.: «La mujer en la poesía de Dámaso
Alonso», en *CHA*, núms. 280-282, 1973.

GHERTMAN, S.: «Syntatic Patterning in Dámaso Alon-
so's "La obsesión". A Linguistic Approach to
Style», en *The Analysis of Hispanic Texts* (eds. Lisa
E. Davis & Isabel Tarán), Jamaica, Nueva York,
Bilingual Press, 1976, págs. 177-205.

GÓMEZ BEDATE, P.: «La obra poética de Dámaso
Alonso», en *RevL*, I, 1969, págs. 57-98.

GONZÁLEZ MARTÍN, J. P.: *Poesía hispánica 1939-
1969*, Barcelona, El Bardo, 1970.

GRANDE, F.: *Apuntes sobre poesía española de post-guerra*, Madrid, Taurus, 1970.

GRANDE, F.: «"Hijos de la ira"», en *CHA*, números 280-282, 1973.

GUEREÑA, J. L.: «Dámaso Alonso, con poetas y poesía», en *CHA*, núms. 280-282, 1973, págs. 230-245.

GUILLÉN, J.: «Jardines españoles: Antonio Machado, Pedro Salinas, Dámaso Alonso y Federico García Lorca», en *UNC*, núm. 6, 1946, págs. 153-165.

GULLÓN, R.: «El otro Dámaso Alonso», en *PSA*, XXXVI, 1965, págs. 167-196.

«Homenaje a Dámaso Alonso», en *CHA*, núms. 280-282, octubre-diciembre de 1973.

«Homenaje a Dámaso Alonso», en *Books Abroad*, marzo, 1973.

Homenaje Universitario a Dámaso Alonso, Madrid, Gredos, 1970.

HORST, A.: «Nachwort», en *Dámaso Alonso. Söhme des Zorns*, Berlín y Francfort, Suhrkamp, 1954, págs. 99-124.

HUARTE, F.: «Bibliografía de Dámaso Alonso», en *Homenaje universitario a Dámaso Alonso*, Madrid, Gredos, 1970, págs. 295-332.

Ínsula, número dedicado a Dámaso Alonso, 138-139, 1958.

JIMÉNEZ, J. O.: «Diez años en la poesía de Dámaso Alonso (de *Hijos de la ira* a *Hombre y Dios)*», en *BACL*, VII, núms. 1-2, 1958, págs. 78-101.

LAÍN ENTRALGO, P.: «Una carta a Dámaso Alonso», en *RO*, XXXVI, 1972, págs. 76-85.

LAMA, A. G. DE: «La nueva poesía de Dámaso Alonso», en *Espadaña*, núm. 2, junio de 1944.

LAPESA, R.: «El magisterio de Dámaso Alonso», en *Ínsula*, núms. 138-139, mayo-junio de 1958, página 6.

LAPESA, R.: «Dámaso Alonso, humano maestro de humanidades», en *Homenaje universitario a Dámaso Alonso*, Madrid, Gredos, 1970, págs. 9-17.

LÁZARO, F.: «Dámaso Alonso y el "formalismo"», en *Ínsula*, XIII, núms. 138-139, 1958.

LECHNER, J.: *El compromiso en la poesía española del siglo XX (1939-1974)*, Leiden, Editorial Universitaria, 1975.

LÓPEZ BARALT, L.: «La idea de Dios en la poesía de Dámaso Alonso», Tesis, Puerto Rico, 1966.

LÓPEZ GORGE, J.: *Medio siglo de poesía amorosa española. 1900-1950*, Madrid, Cremades, 1959.

LUIS, L. DE: «La poesía de Dámaso Alonso», en *CHA*, núm. 234, 1969, págs. 723-733.

LUIS, L. DE: «Un poema de Dámaso Alonso», en *CHA*, núm. 234, 1969.

LUIS, L. DE: *Poesía social (1939-1968)*, Madrid, Alfaguara, 1969.

LUIS, L. DE: «*Gozos de la vista* de Dámaso Alonso», en *Ínsula*, núm. 415, 1982.

MACRÍ, O.: «La poesia di Dámaso Alonso», en *Il Verri*, núm. 3, 1958, págs. 26-40.

MACRÍ, O.: «Estructura y significado de *Hombre y Dios*», en *Ínsula*, núms. 138-139, 1958, págs. 9-11.

MACRÍ, O.: «Introduzione» a *Uomo e Dio*, Milán, Scheiwiller, 1962, págs. 1-33.

MAINER, J. C.: *Falange y literatura*, Barcelona, Labor, 1971.

MALBERG, B.: Comentario al soneto «Una voz de España», en *Boletín de Filología*, Universidad de Chile, XV, 1963.

MAÑACH, J.: «Dámaso Alonso fra stilistica e critica», en *SMV*, VI-VIII, 1959, págs. 113-134.

MANRIQUE DE LARA, J. G.: «Dámaso o la devoción por la palabra», en *CHA*, núms. 280-282, 1973.

MANRIQUE DE LARA, J. G.: *Poetas sociales españoles*, Madrid, Epesa, 1974.

MARTÍNEZ RUIZ, F.: *La nueva poesía española*, Madrid, Biblioteca Nueva, 1971.

MARTINS GONCALVES, M. L.: «A poesía de Dámaso Alonso. Análise estilística», Tesis, Lisboa, 1966.

MATEO, M. A.: *Dámaso Alonso para niños*, Madrid, Ediciones de la Torre, 1985.

MESHON, S. P.: «Spain: The Stylistics of Dámaso Alonso», en *Current Trends in Stylistics*, eds. Braj B. Kachru y Herbert F. W. Stahlke, Edmonton, Alberta, Linguistic Research, 1972, págs. 49-65.

MORENO BÁEZ, E.: «Comentario a un poema de Dámaso Alonso», en *CHA*, núms. 280-282, 1973.

MORRIS, C. B.: «"Visión" and "mirada" in the Poetry of Salinas, Guillén and Dámaso Alonso», en *BHS*, XXXVIII, 1961, págs. 103-112.

MUÑOZ CORTÉS, M.: «Problemas y métodos de la filología en la obra de Dámaso Alonso», en *CHA*, núms. 280-282, 1973, págs. 291-322.

PALAU DE NEMES, G.: «The Wind in the Poetry of Dámaso Alonso. The Spanish and the Modern Myths», en *BA*, XLVIII, 1976, págs. 297-306.

PALOMO, M. P.: *La poesía en el siglo XX (desde 1939)*, Madrid, Taurus, 1988.

PANERO, L.: «Dámaso Alonso en su montaña», en *PSA*, XI, 1958, págs. 364-369.

Papeles de Son Armadans, XI, núms. 32-33, 1958. Número dedicado a Vicente Aleixandre y Dámaso Alonso.

PATRICK, H.: «"Dust". Dos poemas de Dámaso Alonso», en *CHA*, núms. 280-282, 1973.

PÉREZ FIRMAT, G.: «Cosmology and the Poem: Dámaso Alonso's "Sueño de las dos ciervas"», en *HR*, XLVI, 1978, págs. 141-171.

PUCCINI, D.: *Romancero della Resistenza spagnola (1936-1939)*, París, Maspero, 1976.

QUIÑONES, F.: *Últimos rumbos de la poesía española*, Buenos Aires, Columna, 1966.

QUIÑONES, F.: «Dámaso Alonso claramente abusa», en *CHA*, núms. 280-282, 1973.

RAMOS SUÁREZ, J.: «El poema "Snake" de D. H. Lawrence y la "Elegía a un moscardón azul", de

Dámaso Alonso: Una influencia admitida y dos sensibilidades diferentes», en *CHA*, núms. 280-282, 1973.

RIDRUEJO, D.: «La vida intelectual española en el primer decenio de la posguerra», en *Triunfo*, números 16-17, 1972.

RINCÓN, C.: «Lectura y ciencia literaria en Dámaso Alonso», en *BHi*, LXXIV, 1972, páginas 61-91.

RÍO, A. DEL: *Estudios sobre literatura contemporánea española*, Madrid, 1972.

RIVERS, E. L.: «Prólogo» a *Hijos de la ira*, Barcelona, Labor, 1970.

RODRÍGUEZ PADRÓN, J.: «"Mujer con alcuza". Ensayo de una interpretación», en *CHA*, núms. 280-282, 1973, págs. 201-215.

ROMERO, H. R.: «El método estilístico de Dámaso Alonso y la interpretación de Góngora», en *KRQ*, XIX, 1972, págs. 211-221.

ROSALES, L.: «*Oscura noticia*», en *CHA*, núms. 280-282, 1973.

RUBIO, F.: «Dámaso Alonso, poeta de una posguerra», en *CIIA*, núms. 280-282, 1973.

RUBIO, F.: *Las revistas poéticas españolas (1939-1975)*, Madrid, Turner, 1976.

RUBIO, F., y FALCÓ, J. L.: *Poesía española contemporánea*, Madrid, Alhambra, 1981.

RUBIO, F., y GRANADOS, V.: *Comentarios de textos*, Madrid, UNED, 1977.

RUIZ PEÑA, J.: «La idea de Dios en la poesía de Dámaso Alonso», en *Ínsula*, núms. 138-139, 1958, pág. 11.

SALINAS, P.: *Literatura española del siglo XX*, Madrid, Alianza, 1970.

SÁNCHEZ BARBUDO, A.: «Dámaso Alonso and the Three Phases of Understanding Poetry», en *BA*, XLVIII, 1974, págs. 265-275.

SANTIAGO RODRÍGUEZ, M. DE: «La muerte en la

poesía de Dámaso Alonso», en *CHA*, núms. 280-282, 1973, págs. 162-188.

SANTIAGO RODRÍGUEZ, M. DE: «Los gozos de la vista en la poesía de Dámaso Alonso», en *Arbor*, núm. 360, 1975, págs. 59-74.

SANTOS, D.: «Sucedido y sucesivo Dámaso», en VV. AA., *Dámaso Alonso. Premio «Miguel de Cervantes» 1978,* Barcelona, Ámbitos Literarios, 1988, págs. 37-58.

SANTOS, D.: *De la turba gentil... y de los nombres (Apuntes memoriales de la vida literaria española)*, Barcelona, Planeta, 1987.

SILVER, P.: «Un comentario sobre *En la sombra*», en *PSA*, LVIII, 1970, págs. 185-190.

SILVER, P.: «Tradition as originally in *Hijos de la ira*», en *BHS*, XLVII, 1970, págs. 124-130.

SILVER, P.: Prólogo a *Antología poética*, Madrid, Alianza Editorial, 1979.

SIMÓN DÍAZ, J.: *Manual de bibliografía de la literatura española*, Madrid, Gredos, 1980.

SOBEJANO, G.: «Nuevos poemas de Dámaso Alonso», en *CHA*, núm. 71, 1955.

SOBEJANO, G.: «On the Interpretative Style of Dámaso Alonso. The Art of Definition», en *BA*, XLVIII, 1974, págs. 255-265.

SOBEJANO, G.: «La revolución poética de Dámaso Alonso», en *La Nación*, 8 de noviembre de 1963.

URQUÍA, M. DE LOS A.: «La poesía de Dámaso Alonso», Tesis, Oviedo, 1958.

VALENTE, J. A.: *Las palabras de la tribu*, Madrid, Siglo XXI, 1971.

VALENTE, J. A.: «La poesía española actual», en *CHA*, 49, 1954.

VALVERDE, J. A.: «La poesía de Dámaso Alonso», M. A. Tesis, Universidad de Alberta, 1966.

VARELA, J. L.: «Ante la poesía de Dámaso Alonso», en *Arbor*, XLV, 1960, págs. 488-500.

VILANOVA, A.: «Las palabras del poeta en los niveles

(eco en sus mentiras)», en *CHA*, núms. 280-282, 1973.

VIÑA LISTE, J. M.: «Una nueva edición de *Hijos de la ira*», en *CHA*, núms. 280-282, 1973.

VIVANCO, L. F.: «La poesía existencial de Dámaso Alonso», en *Introducción a la poesía española contemporánea*, págs. 261-291.

VV. AA.: *Dámaso Alonso. Premio «Miguel de Cervantes» 1978*, Barcelona, Ámbitos Literarios, 1988.

ZARDOYA, C.: *Poesía española contemporánea: estudios temáticos y estilísticos*, Madrid, Guadarrama, 1961.

ZARDOYA, C.: «Juan Ramón Jiménez y Dámaso Alonso: Dos sonetos contemporáneos», en *Poesía española del siglo XX*, III, págs. 194-204.

ZARDOYA, C.: «Dámaso Alonso y sus *Hijos de la ira*», en *Poesía española del siglo XX*, págs. 205-221.

ZARDOYA, C.: *Poesía española del 98 y del 27*, Madrid, Gredos, 1968.

ZORITA, A.: *Dámaso Alonso*, Madrid, Ediciones y Publicaciones Españolas, 1976.

NUESTRA EDICIÓN

De gran ayuda han sido para la realización de este trabajo los estudios, libros y artículos publicados sobre la poesía de Dámaso Alonso, en especial HIJOS DE LA IRA. La Bibliografía que apoya esta Introducción puede ayudar a los lectores a profundizar en aspectos que le hayan interesado a lo largo de la aproximación y, sobre todo, mediante la lectura de los poemas. No ha estado en mi ánimo ser exhaustiva, sino intentar captar la atmósfera en la que respira uno de los libros de oro de este siglo, y apuntalar levemente sus textos, que son los únicos que pueden definirse. Sin embargo, creo necesario reconocer que las ediciones de Elías L. Rivers y Miguel J. Flys de HIJOS DE LA IRA, los libros de Víctor G. de la Concha, *La poesía española de 1935 a 1975;* de Elsie Alvarado de Ricord, *La obra poética de Dámaso Alonso;* de Miguel Jaroslaw Flys, *La poesía existencial de Dámaso Alonso,* y de Rafael Ferreres, *Aproximación a la poesía de Dámaso Alonso* y el minucioso volumen de Andrew Debicki, *Dámaso Alonso,* me han resultado utilísimos y clarificadores. A ellos remito en todo caso.

Algunas opiniones del poeta se han transcrito por primera vez en este volumen de la entrevista que, a propósito de HIJOS DE LA IRA, mantuve con Dámaso Alonso durante dos días consecutivos en la década de los setenta, cuando preparaba mi Tesis Doctoral sobre Poesía Española de Posguerra bajo la dirección del catedrático de la Universidad de Granada Emilio Orozco Díaz, gran amigo del poeta. La entrevista fue incluida en aquel trabajo y fragmentos de ella aparecieron en el artículo «Anotación a un tema de *Hijos de la ira*» dentro del volumen *Estudios sobre Literatura y Arte* (1979) dedicados al profesor Orozco y recientemente en «El terror de vivir» publicado en el diario *El País* de 28 de enero de 1990. Asimismo me resultó de gran utilidad para elaborar mi trabajo «Dámaso Alonso, poeta de una posguerra» publicado en el número-homenaje dedicado al autor por la revista *Cuadernos Hispanoamericanos* (1973). También para el Comentario a «Insomnio» recogido en el volumen preparado en colaboración con el profesor Vicente Granados (UNED, 1977-78) y la redacción de determinados capítulos de mis libros *Las revistas poéticas españolas* (Madrid, 1976), y *Poesía Española Contemporánea* (Madrid, 1981). La posibilidad que Espasa-Calpe me brinda hoy al intentar aproximar HIJOS DE LA IRA a las nuevas hornadas de lectores el año que su autor ha iniciado el viaje por el sueño más largo, me confirma de nuevo en la certeza de que tanto el lector como yo misma tenemos en las manos un tesoro impreso.

FANNY RUBIO.

Madrid, 1 de marzo de 1990.

HIJOS DE LA IRA

A
Emilio García Gómez,
por su amistad:
gracias

...et eramus natura filii irae
sicut et ceteri...

Ephes., II, 3.

INSOMNIO

Madrid es una ciudad de más de un millón
de cadáveres (según las últimas estadís-
ticas).

A veces en la noche yo me revuelvo y me
incorporo en este nicho en el que hace
45 años que me pudro,

y paso largas horas oyendo gemir al hura-
cán, o ladrar los perros, o fluir blanda-
mente la luz de la luna.

Y paso largas horas gimiendo como el hura-
cán, ladrando como un perro enfurecido,
fluyendo com la leche de la ubre caliente
de una gran vaca amarilla.

Y paso largas horas preguntándole a Dios,
preguntándole por qué se pudre lentamen-
te mi alma,

por qué se pudren más de un millón de
cadáveres en esta ciudad de Madrid,

por qué mil millones de cadáveres se pudren
lentamente en el mundo.

Dime, ¿qué huerto quieres abonar con nues-
tra podredumbre?

¿Temes que se te sequen los grandes rosales
del día,

las tristes azucenas letales de tus noches?

LA INJUSTICIA

¿De qué sima te yergues, sombra negra?
¿Qué buscas?
                    Los oteros,
como lagartos verdes, se asoman a los valles
que se hunden entre nieblas en la infancia del mundo.
Y sestean, abiertos, los rebaños,
mientras la luz palpita, siempre recién creada,
mientras se comba el tiempo, rubio mastín que duer-
    me a las puertas de Dios.

Pero tú vienes, mancha lóbrega,
reina de las cavernas, galopante en el cierzo, tras tus
    corvas pupilas, proyectadas
como dos meteoros crecientes de lo oscuro,
cabalgando en las rojas melenas del ocaso,
flagelando las cumbres
con cabellos de sierpes, látigos de granizo.

Llegas,
oquedad devorante de siglos y de mundos,
como una inmensa tumba,
empujada por furias que ahincan sus testuces,
duros chivos erectos, sin oídos, sin ojos,
que la terneza ignoran.

Sí, del abismo llegas,
hosco sol de negruras, llegas siempre,
onda turbia, sin fin, sin fin manante,

contraria del amor, cuando él nacida
en el día primero.

Tú empañas con tu mano
de húmeda noche los cristales tibios
donde al azul se asoma la niñez transparente, cuando
    apenas
era tierna la dicha, se estrenaba la luz,
y pones en la nítida mirada
la primer llama verde
de los turbios pantanos.

Tú amontonas el odio en la charca inverniza
del corazón del viejo,
y azuzas el espanto
de su triste jauría abandonada
que ladra furibunda en el hondón del bosque.

Y van los hombres, desgajados pinos,
del oquedal en llamas, por la barranca abajo,
rebotando en las quiebras,
como teas de sombra, ya lívidas, ya ocres,
como blasfemias que al infierno caen.

... Hoy llegas hasta mí.
He sentido la espina de tus podridos cardos,
el vaho de ponzoña de tu lengua
y el girón de tus alas que arremolina el aire.
El alma era un aullido
y mi carne mortal se helaba hasta los tuétanos.

Hiere, hiere, sembradora del odio:
no ha de saltar el odio, como llama de azufre, de mi
    herida.
Heme aquí:
soy hombre, como un dios,
soy hombre, dulce niebla, centro cálido,
pasajero bullir de un metal misterioso que irradia la
    ternura.

Podrás herir la carne
y aun retorcer el alma como un lienzo:
no apagarás la brasa del gran amor que fulge
dentro del corazón,
bestia maldita.

Podrás herir la carne.
No morderás mi corazón,
madre del odio.
Nunca en mi corazón,
reina del mundo.

EN EL DÍA DE LOS DIFUNTOS

¡Oh! ¡No sois profundidad de horror y sueño,
muertos diáfanos, muertos nítidos,
muertos inmortales,
cristalizadas permanencias
de una gloriosa materia diamantina!
¡Oh ideas fidelísimas
a vuestra identidad, vosotros, únicos seres
en quienes cada instante
no es una roja dentellada de tiburón,
un traidor zarpazo de tigre!

¡Ay, yo no soy,
yo no seré
hasta que sea
como vosotros, muertos!
Yo me muero, me muero a cada instante,
perdido de mí mismo,
ausente de mí mismo,
lejano de mí mismo,
cada vez más perdido, más lejano, más ausente.
¡Qué horrible viaje, qué pesadilla sin retorno!
A cada instante mi vida cruza un río,
un nuevo, inmenso río que se vierte
en la desnuda eternidad.
Yo mismo de mí mismo soy barquero,
y a cada instante mi barquero es otro.

¡No, no le conozco, no sé quién es aquel niño!
Ni sé siquiera si es un niño o una tenue llama de
    alcohol
sobre la que el sol y el viento baten.
Y le veo lejano, tan lejano, perdido por el bosque,
furtivamente perseguido por los chacales más carni-
    ceros
y por la loba de ojos saltones y pies sigilosos que lo
    ha de devorar por fin,
entretenido con las lagartijas, con las mariposas,
tan lejano,
que siento por él una ternura paternal,
que salta por él mi corazón, de pronto,
como ahora cuando alguno de mis sobrinitos se
    inclina sobre el estanque en mi jardín,
porque sé que en el fondo, entre los peces de colores,
está la muerte.
(¿Me llaman? Alguien con una voz dulcísima me
    llama. ¿No ha pronunciado alguien mi nombre?
No es a ti, no es a ti. Es a aquel niño.
¡Dulce llamada que sonó, y ha muerto!)

Ni sé quién es aquel cruel, aquel monstruoso mu-
    chacho,
tendido de través en el umbral de las tabernas,
frenético en las madrugadas por las callejas de las
    prostitutas,
melancólico como una hiena triste,
pedante argumentista contra ti, mi gran Dios verda-
    dero,
contra ti, que estabas haciendo subir en él la vida
con esa dulce, enardecida ceguedad
con que haces subir en la primavera la savia en los
    más tiernos arbolitos.

¡Oh, quitadme, alejadme esa pesadilla grotesca, esa
    broma soturna!

Sí, alejadme ese tristísimo pedagogo, más o menos
    ilustre,
ese ridículo y enlevitado señor,
subido sobre una tarima en la mañana de primavera,
con los dedos manchados de la más bella tiza,
ese monstruo, ese jayán pardo,
vesánico estrujador de cerebros juveniles,
dedicado a atornillar purulentos fonemas
en las augustas frentes imperforables,
de adolescentes poetas, posados ante él, como estor-
    ninos en los alambres del telégrafo,
y en las mejillas en flor
de dulces muchachitas con fragancia de narciso,
como nubes rosadas
que leyeran a Pérez y Pérez.

Sí, son fantasmas. Fantasmas: polvo y aire.
No conozco a ese niño, ni a ese joven chacal, ni a ese
    triste pedagogo amarillento.
No los conozco. No sé quiénes son.

Y, ahora,
a los 45 años,
cuando este cuerpo ya me empieza a pesar
como un saco de hierba seca,
he aquí que de pronto
me he levantado del montón de las putrefacciones,
porque la mano de mi Dios me tocó,
porque me ha dicho que cantara:
por eso canto.

Pero, mañana, tal vez hoy, esta noche
(¿cuándo, cuándo, Dios mío?)
he de volver a ser como era antes,
hoja seca, lata vacía, estéril excremento,
materia inerte, piedra rodada del atajo.
Y ya no veo a lo lejos de qué avenidas yertas,
por qué puentes perdidos entre la niebla rojiza,

camina un pobre viejo, un triste saco de hierba que
   ya empieza a pudrirse,
sosteniendo sobre sus hombros agobiados
la luz pálida de los más turbios atardeceres,
la luz ceniza de sus recuerdos como harapos en
   fermentación,
vacilante, azotado por la ventisca,
con el alma transida, triste, alborotada y húmeda
como una bufanda gris que se lleva el viento.

Cuando pienso estas cosas,
cuando contemplo mi triste miseria de larva que aún
   vive,
me vuelvo a vosotros, criaturas perfectas, seres
   ungidos
por ese aceite suave,
de olor empalagosamente dulce, que es la muerte.
Ahora, en la tarde de este sedoso día
en que noviembre incendia mi jardín,
entre la calma, entre la seda lenta
de la amarilla luz filtrada,
luz cedida
por huidizo sol,
que el follaje amarillo
sublima hasta las glorias
del amarillo elemental primero
(cuando aún era un perfume la tristeza),
y en que el aire
es una piscina de amarilla tersura,
turbada sólo por la caída de alguna rara hoja
que en lentas espirales amarillas
augustamente
busca también el tibio seno
de la tierra, donde se ha de pudrir,

ahora, medito a solas con la amarilla luz,
y, ausente, miro tanto y tanto huerto
donde piadosamente os han sembrado

con esperanza de cosecha inmortal.
Hoy la enlutada fila, la fila interminable
de parientes, de amigos,
os lleva flores, os enciende candelicas.

Ah, por fin recuerdan que un día súbitamente el
    viento
golpeó enfurecido las ventanas de su casa,
que a veces, a altas horas en el camino
brillan entre los árboles ojos fosforescentes,
que nacen en sórdidas alcobas
niños ciclanes, de cinco brazos y con pezuñas de
    camella,
que hay un ocre terror en la medula de sus almas,
que al lado de sus vidas hay abiertos unos inmensos
    pozos, unos alucinantes vacíos,
y aquí vienen hoy a evocaros, a aplacaros.

¡Ah, por fin, por fin se han acordado de vosotros!
Ellos querrían haceros hoy vivir, haceros revivir en el
    recuerdo,
haceros participar de su charla, gozar de su merienda
    y compartir su bota.
(Ah, sí, y a veces cuelgan
del monumento de una «fealdad casi lúbrica»,
la amarillenta foto de un señor,
bigote lacio, pantalones desplanchados, gran cadena
    colgante sobre el hinchado abdomen.)
Ellos querrían ayudaros, salvaros,
convertir en vida, en cambio, en flujo, vuestra helada
    mudez.
Ah, pero vosotros no podéis vivir, vosotros no vivís:
    vosotros sois.
Igual que Dios, que no vive, que es: igual que Dios.
Sólo allí donde hay muerte puede existir la vida,
oh muertos inmortales.

Oh, nunca os pensaré, hermanos, padre, amigos, con
   nuestra carne humana, en nuestra diaria servi-
   dumbre,
en hábito o en afición semejantes
a las de vuestros tristes días de crisálidas.
No, no. Yo os pienso luces bellas, luceros,
fijas constelaciones
de un cielo inmenso donde cada minuto,
innumerables lucernas se iluminan.

Oh bellas luces,
proyectad vuestra serena irradiación
sobre los tristes que vivimos.
Oh gloriosa luz, oh ilustre permanencia.
Oh inviolables mares sin tornado,
sin marea, sin dulce evaporación,
dentro de otro universal océano de la calma.
Oh virginales notas únicas, indefinidamente prolon-
   gadas, sin variación, sin aire, sin eco.
Oh ideas purísimas dentro de la mente invariable de
   Dios.

Ah, nosotros somos un horror de salas interiores en
   cavernas sin fin,
una agonía de enterrados que se despiertan a la
   media noche,
un fluir subterráneo, una pesadilla de agua negra por
   entre minas de carbón,
de triste agua, surcada por las más tórpidas lampreas,
nosotros somos un vaho de muerte,
un lúgubre concierto de lejanísimos cárabos, de ago-
   reras zumayas, de los más secretos autillos.
Nosotros somos como horrendas ciudades que hubie-
   ran siempre vivido en *black-out*,
siempre desgarradas por los aullidos súbitos de las
   sirenas fatídicas.

vivimos en la oscuridad
como humildes animalitos
sin poder alguno

Nosotros somos una masa fungácea y tentacular, que
   avanza en la tiniebla a horrendos tentones,
monstruosas, tristes, enlutadas amebas.

¡Oh norma, oh cielo, oh rigor,
oh esplendor fijo!

la muerte como clarificación de la incertidumbre de vivir
y el alivio del dolor de la vida

¡Cante, pues, la jubilosa llama, canten el pífano y la
   tuba
vuestras epifanías cándidas,
presencias que alentáis mi esfuerzo amargo!
¡Canten, sí, canten,
vuestra gloria de ser!
                    Quede a nosotros
turbio vivir, terror nocturno, — *lo oscuro de la vida*
angustia de las horas.

¡Canten, canten la trompa y el timbal!
Vosotros sois los despiertos, los diáfanos,
los fijos.   *saben la verdad, han unido con el*
                                      ser Supremo
Nosotros somos un turbión de arena,
nosotros somos médanos en la playa,
que hacen rodar los vientos y las olas,
nosotros, sí, los que estamos cansados,
nosotros, sí, los que tenemos sueño.

¿Santa Teresa de Jesús?
"Muero porque no muero"

VOZ DEL ÁRBOL

¿Qué me quiere tu mano?
¿Qué deseas de mí, dime, árbol mío?
... Te impulsaba la brisa: pero el gesto
era tuyo, era tuyo.

Como el niño, cuajado de ternura
que le brota en la entraña y que no sabe
expresar, lentamente, tristemente
me pasaste la mano por el rostro,
me acarició tu rama.
¡Qué suavidad había
en el roce! ¡cuán tersa
debe de ser tu voz! ¿Qué me preguntas?
Di, ¿qué me quieres, árbol, árbol mío?

La terca piedra estéril,
concentrada en su luto
—frenética mudez o grito inmóvil—,
expresa duramente,
llega a decir su duelo
a fuerza de silencio atesorado.

El hombre
—oh agorero croar, oh aullido inútil—
es voz en viento: sólo voz en aire.
Nunca el viento y la mar oirán sus quejas.
Ay, nunca el cielo entenderá su grito;
nunca, nunca, los hombres.

Entre el hombre y la roca,
¡con qué melancolía
sabes comunicarme tu tristeza,
árbol, tú, triste y bueno, tú el más hondo,
el más oscuro de los seres! ¡Torpe
condensación soturna
de tenebrosos jugos minerales,
materia en suave hervor lento, cerrada
en voluntad de ser, donde lo inerte
con ardua afinidad de fuerzas sube
a total frenesí! ¡Tú, genio, furia,
expresión de la tierra dolorida,
que te eriges, agudo, contra el cielo,
como un ay, como llama,
como un clamor! Al fin monstruo con brazos,
garras y cabellera:
¡oh suave, triste, dulce monstruo verde,
tan verdemente pensativo,
con hondura de tiempo,
con silencio de Dios!

No sé qué altas señales
lejanas, de un amor triste y difuso,
de un gran amor de nieblas y luceros,
traer querría tu ramita verde
que, con el viento, ahora
me está rozando el rostro.
Yo ignoro su mensaje
profundo. La he cogido, la he besado.
(Un largo beso.)
                    ¡Mas no sé qué quieres
decirme!

PREPARATIVOS DE VIAJE

Unos
se van quedando estupefactos,
mirando sin avidez, estúpidamente, más allá, cada
   vez más allá,
hacia la otra ladera.

Otros
voltean la cabeza a un lado y otro lado,
sí, la pobre cabeza, aún no vencida,
casi
con gesto de dominio,
como si no quisieran perder la última página de un
   libro de aventuras,
casi con gesto de desprecio,
cual si quisieran
volver con despectiva indiferencia las espaldas
a una cosa apenas si entrevista,
mas que no va con ellos.

Hay algunos
que agitan con angustia los brazos por fuera del
   embozo,
cual si en torno a sus sienes espantaran tozudos
   moscardones azules,
o cual si bracearan en un agua densa, poblada de
   invisibles medusas.

Otros maldicen a Dios,
escupen al Dios que les hizo,
y las cuerdas heridas de sus chillidos acres
atraviesan como una pesadilla las salas insomnes del
   hospital,
hacen oscilar como un viento sutil
las alas de las tocas
y cortan el torpe vaho del cloroformo.

Algunos llaman con débil voz
a sus madres,
las pobres madres, las dulces madres
entre cuyas costillas hace ya muchos años que se
   pudren las tablas del ataúd.

Y es muy frecuente
que el moribundo hable de viajes largos,
de viajes por transparentes mares azules, por archi-
   piélagos remotos,
y que se quiera arrojar del lecho
porque va a partir el tren, porque ya zarpa el barco.
(Y entonces se les hiela el alma
a aquellos que rodean al enfermo. Porque comprenden.)

Y hay algunos, felices,
que pasan de un sueño rosado, de un sueño dulce,
   tibio y dulce,
al sueño largo y frío.

Ay, era ese engañoso sueño,
cuando la madre, el hijo, la hermana
han salido con enorme emoción, sonriendo, temblan-
   do, llorando,
han salido de puntillas,
para decir: «¡Duerme tranquilo, parece que duerme
   muy bien!»
Pero, no: no era eso.

... Oh, sí; las madres lo saben muy bien: cada niño se
duerme de una manera distinta...

Pero todos, todos se quedan
con los ojos abiertos.
Ojos abiertos, desmesurados en el espanto último,
ojos en guiño, como una soturna broma, como una
mueca ante un panorama grotesco,
ojos casi cerrados, que miran por fisura, por un
trocito de arco, por el segmento inferior de las
pupilas.

No hay mirada más triste.
Sí, no hay mirada más profunda ni más triste.

Ah, muertos, muertos, ¿qué habéis visto
en la esquinada cruel, en el terrible momento del
tránsito?
Ah, ¿qué habéis visto en ese instante del encontrona-
zo con el camión gris de la muerte?
No sé si cielos lejanísimos de desvaídas estrellas, de
lentos cometas solitarios hacia la torpe nebulosa
inicial,
no sé si un infinito de nieves, donde hay un rastro de
sangre, una huella de sangre inacabable,
ni si el frenético color de una inmensa orquesta
convulsa cuando se descuajan los orbes,
ni si acaso la gran violeta que esparció por el mundo
la tristeza como un largo perfume de enero,
ay, no sé si habéis visto los ojos profundos, la faz
impenetrable.

Ah, Dios mío, Dios mío, ¿qué han visto un instante
esos ojos que se quedaron abiertos?

COSA

Rompes... el ondear del aire.

J. R. JIMÉNEZ.

¡Ay, terca niña!
Le dices que no al viento,
a la niebla y al agua:
rajas el viento,
partes la niebla,
hiendes el agua.

Te niegas a la luz profundamente:
la rechazas,
ya teñida de ti: verde, amarilla,
—vencida ya— gris, roja, plata.

Y celas de la noche,
la ardua
noche de horror de tus entrañas sordas.

Cuando la mano intenta poseerte,
siente la piel tus límites:
la muralla, la cava
de tu enemiga fe, siempre en alerta.

Nombre te puse, te marcó mi hierro:
«cáliz», «brida», «clavel», «cenefa», «pluma»...
(Era tu sombra lo que aprisionaba.)

Al interior sentido
convoqué contra ti.
                         Y, oh burladora,
te deshiciste en forma y en color,
en peso o en fragancia.
¡Nunca tú: tú, caudal, tú, inaprensible!

¡Ay, niña terca,
ay, voluntad del ser, presencia hostil,
límite frío a nuestro amor!
                         ¡Ay, turbia
bestezuela de sombra,
que palpitas ahora entre mis dedos,
que repites ahora entre mis dedos
tu dura negativa de alimaña!

EL ÚLTIMO CAÍN

Ya asesinaste a tu postrer hermano:
ya estás solo.

¡Espacios: plaza, plaza al hombre!
Bajo la comba de plomo de la noche, oprimido
por la unánime acusación de los astros que muda-
    mente gimen,
¿adónde dirigirás tu planta?

Estos desiertos campos
están poblados de fantasmas duros, cuerpo en el aire,
    negro en el aire negro,
basalto de las sombras,
sobre otras sombras apiladas.
Y tú aprietas el pecho jadeante
contra un muro de muertos, en pie sobre sus tumbas,
como si aun empujaras el carro de tu odio
a través de un mercado sin fin,
para vender la sangre del hermano,
en aquella mañana de sol, que contra tu amarilla
    palidez se obstinaba,
que pujaba contra ti, leal al amor, leal a la vida,
como la savia enorme de la primavera es leal a la
    enconada púa del cardo, que la ignora,
como el anhelo de la marea de agosto es leal al más
    cruel niño que enfurece en su juego la playa.

Ah, sí, hendías, palpabas, ¡júbilo, júbilo!:
era la sangre, eran los tallos duros de la sangre.

Como el avaro besa, palpa el acervo de sus rojas
    monedas,
hundías las manos en esa tibieza densísima (hecha de
    nuestro sueño, de nuestro amor que incesante
    susurra)
para impregnar tu vida sin amor y sin sueño;
y tus belfos mojabas en el charco humeante
cual si sorber quisieras el misterio caliente del mundo.

Pero, ahora, mira, son sombras lo que empujas, ¿no
    has visto que son sombras?

¿O vas quizá doblado como por un camino de sirga,
    tirando de una torpe barcaza de granito,
que se enreda una vez y otra vez en todos los troncos
    ribereños,
retama que se curva al huracán,
estéril arco donde
no han de silbar ni el grito ni la flecha,
buey en furia que encorva la espalda al rempujón y
    ahinca
en las peñas el pie,
con músculos crujientes,
imagen de crispada anatomía?

Sombras son, hielo y sombras que te atan:
cercado estás de sombras gélidas.
También los espacios odian, también los espacios son
    duros,
también Dios odia.
¡Espacios, plaza, por piedad al hombre!

Ahí tienes la delicia de los ríos, tibias aún de paso
    están las sendas.
Los senderos, esa tierna costumbre donde aun late el
    amor de los días
(la cita, secreta como el recóndito corazón de una
    fruta,

el lento mastín blanco de la fidelísima amistad,
el tráfago de signos con que expresamos la absorta
    desazón de nuestra íntima ternura),
sí, las sendas amantes que no olvidan,
guardan aún la huella delicada, la tierna forma del
    pie humano,
ya sin final, sin destino en la tierra,
ya sólo tiempo en extensión, sin ansia,
tiempo de Dios, quehacer de Dios,
no de los hombres.

¿Adónde huirás, Caín, postrer Caín?
Huyes contra las sombras, huyendo de las sombras,
huyes
cual quisieras huir de tu recuerdo,
pero, ¿cómo asesinar al recuerdo
si es la bestia que ulula a un tiempo mismo
desde toda la redondez del horizonte,
si aquella nebulosa, si aquel astro ya oscuro,
aun recordando están,
si el máximo universo, de un alto amor en vela
también recuerdo es sólo,
si Dios es sólo eterna presencia del recuerdo?

Ves, la luna recuerda
ahora que extiende como el ala tórpida
de un murciélago blanco
su álgida mano de lechosa lluvia.
Esparcidos lingotes de descarnada plata,
los huesos de tus víctimas   NO ES CAÍN
son la sola cosecha de este campo tristísimo.

Se erguían, sí, se alzaban, pujando como torres, como
    oraciones hacia Dios,
cercados por la niebla rosada y temblorosa de la
    carne,
acariciados por el terco fluído maternal que sin
    rumor los lamía en un sueño:

muchachas, como navíos tímidos en la boca del
    puerto sesgando, hacia el amor sesgando;
atletas como bellos meteoros, que encrespaban el
    aire, exactísimos muelles hacia la gloria vertical de
    las pértigas,
o flores que se inclinan, o sedas que se pliegan sin
    crujido en el descenso elástico;
y niños, duros niños, trepantes, aferrados por las
    rocas, afincando la vida, incrustados en vida, como
    pepitas áureas.
¡Ah, los hombres se alzaban, se erguían los bellos
    báculos de Dios,
los florecidos báculos del viejísimo Dios!

Nunca más, nunca más,
nunca más.
Pero, tú, ¿por qué tiemblas?
Los huesos no se yerguen: calladamente acusan.

He ahí las ruinas.
He ahí la historia del hombre (sí, tu historia)
estampada como la maldición de Dios sobre la piedra.
Son las ciudades donde llamearon
en la aurora sin sueño las alarmas,
cuando la multitud cual otra enloquecida llama
    súbita,
rompía el caz de la avenida insuficiente,
rebotaba bramando contra los palacios desiertos
hocicando como un negruzco topo en agonía su
    lóbrego camino.
Pero en los patinejos destrozados,
bajo la rota piedad de las bóvedas,
sólo las fieras aullarán al terror del crepúsculo.

Algunas tiernas casas aun esperan
en el umbral las voces, la sonrisa creciente
del morador que vuelve fatigado

del bullicio del día,
los juegos infantiles
a la sombra materna de la acacia,
los besos del amante enfurecido
en la profunda alcoba.
Nunca más, nunca más.

Y tú pasas y vuelves la cabeza.
Tú vuelves la cabeza como si la volvieses
contra el ala de Dios.
Y huyes buscando
del jabalí la trocha inextricable,
el surco de la hiena asombradiza;
huyes por las barrancas, por las húmedas
cavernas que en sus últimos salones
torpes lagos asordan, donde el monstruo sin ojos
divina voluntad se sueña, mientras blando se amolda
    a la hendidura
y el fofo palpitar de sus membranas
le mide el tiempo negro.
Y a ti, Caín, el sordo horror te apalpa,
y huyes de nuevo, huyes.

Huyes cruzando súbitas tormentas de primavera,
entre ese vaho que enciende con un torpor de fuego la
    sombría conciencia de la alimaña,
entre ese zumo creciente de las tiernísimas células
    vegetales,
esa húmeda avidez que en tanto brote estalla, en
    tanta delicada superficie se adulza,
mas siempre brama «amor» cual un suspiro oscuro.
Huyes maldiciendo las abrazantes lianas que te tra-
    ban como mujeres enardecidas,
odiando la felicidad candorosa de la pareja de chim-
    pancés que acuna su cría bajo el inmenso cielo del
    baobab,
el nupcial vuelo doble de las moscas, torpísimas
    gabarras en delicia por el aire inflamado de junio.

Huyes odiando las fieras y los pájaros, las hierbas y
    los árboles,
y hasta las mismas rocas calcinadas,
odiándote lo mismo que a Dios,
odiando a Dios.

— Pero la vida es más fuerte que tú,
— pero el amor es más fuerte que tú,
— pero Dios es más fuerte que tú.
Y arriba, en astros sacudidos por huracanes de fuego,
en extinguidos astros que, aun calientes, palpitan
o que, fríos, solejan a otras lumbreras jóvenes,
bullendo está la eterna pasión trémula.
Y, más arriba, Dios.

Húndete, pues, con tu torva historia de crímenes,
precipítate contra los vengadores fantasmas,
desvanécete, fantasma entre fantasmas,
gélida sombre entre las sombras,
tú, maldición de Dios,
postrer Caín,
el hombre.

YO

Mi portento inmediato,
mi frenética pasión de cada día,
mi flor, mi ángel de cada instante,
aun como el pan caliente con olor de tu hornada,
aun sumergido en las aguas de Dios,
y en los aires azules del día original del mundo:
dime, dulce amor mío,
dime, presencia incógnita,
45 años de misteriosa compañía,
¿aún no son suficientes
para entregarte, para desvelarte
a tu amigo, a tu hermano,
a tu triste doble?

¡No, no! Dime, alacrán, necrófago,
cadáver que se me está pudriendo encima
desde hace 45 años,
hiena crepuscular,
fétida hidra de 800.000 cabezas,
¿por qué siempre me muestras sólo una cara?
Siempre a cada segundo una cara distinta,
unos ojos crueles,
los ojos de un desconocido,
que me miran sin comprender
(con ese odio del desconocido)
y pasan:
a cada segundo.

Son tus cabezas hediondas, tus cabezas crueles,
oh hidra violácea.

Hace 45 años que te odio,
que te escupo, que te maldigo,
pero no sé a quién maldigo,
a quién odio, a quién escupo.

Dulce,
dulce amor mío incógnito,
45 años hace ya
que te amo.

MUJER CON ALCUZA

A Leopoldo Panero.

¿Adónde va esa mujer,
arrastrándose por la acera,
ahora que ya es casi de noche,
con la alcuza en la mano?

Acercaos: no nos ve.
Yo no sé qué es más gris,
si el acero frío de sus ojos,
si el gris desvaído de ese chal
con el que se envuelve el cuello y la cabeza,
o si el paisaje desolado de su alma.

Va despacio, arrastrando los pies,
desgastando suela, desgastando losa,
pero llevada
por un terror
oscuro,
por una voluntad
de esquivar algo horrible.

Sí, estamos equivocados.
Esta mujer no avanza por la acera
de esta ciudad,
esta mujer va por un campo yerto,
entre zanjas abiertas, zanjas antiguas, zanjas re-
    cientes,
y tristes caballones,

de humana dimensión, de tierra removida,
de tierra
que ya no cabe en el hoyo de donde se sacó,
entre abismales pozos sombríos,
y turbias simas súbitas,
llenas de barro y agua fangosa y sudarios harapientos
   del color de la desesperanza.

Oh sí, la conozco.
Esta mujer yo la conozco: ha venido en un tren,
en un tren muy largo;
ha viajado durante muchos días
y durante muchas noches:
unas veces nevaba y hacía mucho frío,
otras veces lucía el sol y remejía el viento
arbustos juveniles
en los campos en donde incesantemente estallan ex-
   trañas flores encendidas.
Y ella ha viajado y ha viajado,
mareada por el ruido de la conversación,
por el traqueteo de las ruedas
y por el humo, por el olor a nicotina rancia.
¡Oh!:
noches y días,
días y noches,
noches y días,
días y noches,
y muchos, muchos días,
y muchas, muchas noches.

Pero el horrible tren ha ido parando
en tantas estaciones diferentes,
que ella no sabe con exactitud ni cómo se llamaban,
ni los sitios,
ni las épocas.

Ella
recuerda sólo

que en todas hacía frío,
que en todas estaba oscuro,
y que al partir, al arrancar el tren
ha comprendido siempre
cuán bestial es el topetazo de la injusticia absoluta,
ha sentido siempre
una tristeza que era como un ciempiés monstruoso
    que le colgara de la mejilla,
como si con el arrancar del tren le arrancaran el
    alma,
como si con el arrancar del tren le arrancaran innu-
    merables margaritas, blancas cual su alegría infan-
    til en la fiesta del pueblo,
como si le arrancaran los días azules, el gozo de amar
    a Dios y esa voluntad de minutos en sucesión que
    llamamos vivir.
Pero las lúgubres estaciones se alejaban,
y ella se asomaba frenética a las ventanillas,
gritando y retorciéndose,
sólo
para ver alejarse en la infinita llanura
eso, una solitaria estación,
un lugar
señalado en las tres dimensiones del gran espacio
    cósmico
por una cruz
bajo las estrellas.

Y por fin se ha dormido,
sí, ha dormitado en la sombra,
arrullada por un fondo de lejanas conversaciones,
por gritos ahogados y empañadas risas,
como de gentes que hablaran a través de mantas bien
    espesas,
sólo rasgadas de improviso
por lloros de niños que se despiertan mojados a la
    media noche,

o por cortantes chillidos de mozas a las que en los
    túneles les pellizcan las nalgas,
... aún mareada por el humo del tabaco.

Y ha viajado noches y días,
sí, muchos días,
y muchas noches.
Siempre parando en estaciones diferentes,
siempre con un ansia turbia, de bajar ella también,
    de quedarse ella también,
ay,
para siempre partir de nuevo con el alma desgarrada,
para siempre dormitar de nuevo en trayectos inaca-
    bables.

... No ha sabido cómo.
Su sueño era cada vez más profundo,
iban cesando,
casi habían cesado por fin los ruidos a su alrededor:
sólo alguna vez una risa como un puñal que brilla un
    instante en las sombras,
algún chillido como un limón agrio que pone amari-
    lla un momento la noche.
Y luego nada.
Sólo la velocidad,
sólo el traqueteo de maderas y hierro
del tren,
sólo el ruido del tren.

Y esta mujer se ha despertado en la noche,
y estaba sola,
y ha mirado a su alrededor,
y estaba sola,
y ha comenzado a correr por los pasillos del tren,
de un vagón a otro,
y estaba sola,
y ha buscado al revisor, a los mozos del tren,
a algún empleado,

a algún mendigo que viajara oculto bajo un asiento,
y estaba sola,
y ha gritado en la oscuridad,
y estaba sola,
y ha preguntado en la oscuridad,
y estaba sola,
y ha preguntado
quién conducía,
quién movía aquel horrible tren.
Y no le ha contestado nadie,
porque estaba sola,
porque estaba sola.
Y ha seguido días y días,
loca, frenética,
en el enorme tren vacío,
donde no va nadie,
que no conduce nadie.

... Y esa es la terrible,
la estúpida fuerza sin pupilas,
que aún hace que esa mujer
avance y avance por la acera,
desgastando la suela de sus viejos zapatones,
desgastando las losas,
entre zanjas abiertas a un lado y otro,
entre caballones de tierra,
de dos metros de longitud,
con ese tamaño preciso
de nuestra ternura de cuerpos humanos.
Ah, por eso esa mujer avanza (en la mano, como el
    atributo de una semidiosa, su alcuza),
abriendo con amor el aire, abriéndolo con delicadeza
    exquisita,
como si caminara surcando un trigal en granazón,
sí, como si fuera surcando un mar de cruces, o un
    bosque de cruces, o una nebulosa de cruces,
de cercanas cruces,
de cruces lejanas.

Ella,
en este crepúsculo que cada vez se ensombrece más,
se inclina,
va curvada como un signo de interrogación,
con la espina dorsal arqueada
sobre el suelo.
¿Es que se asoma por el marco de su propio cuerpo
    de madera,
como si se asomara por la ventanilla
de un tren,
al ver alejarse la estación anónima
en que se debía haber quedado?
¿Es que le pesan, es que le cuelgan del cerebro
sus recuerdos de tierra en putrefacción,
y se le tensan tirantes cables invisibles
desde sus tumbas diseminadas?
¿O es que como esos almendros
que en el verano estuvieron cargados de demasiada
    fruta,
conserva aún en el invierno el tierno vicio,
guarda aún el dulce álabe
de la cargazón y de la compañía,
en sus tristes ramas desnudas, donde ya ni se posan
    los pájaros?

ELEGÍA A UN MOSCARDÓN AZUL

Sí, yo te asesiné estúpidamente. Me molestaba tu zumbido mientras escribía un hermoso, un dulce soneto de amor. Y era un consonante en -*úcar*, para rimar con *azúcar*, lo que me faltaba. *Mais, qui dira les torts de la rime?*

Luego sentí congoja
y me acerqué hasta ti: eras muy bello.
Grandes ojos oblicuos
te coronan la frente,
como un turbante de oriental monarca.
Ojos inmensos, bellos ojos pardos,
por donde entró la lanza del deseo,
el bullir, los meneos de la hembra,
su gran proximidad abrasadora,
bajo la luz del mundo.
Tan grandes son tus ojos, que tu alma
era quizá como un enorme incendio,
cual una lumbrarada de colores,
como un fanal de faro. Así, en la siesta,
el alto miradero de cristales,
diáfano y desnudo, sobre el mar,
en mi casa de niño.

Cuando yo te maté,
mirabas hacia fuera,
a mi jardín. Este diciembre claro
me empuja los colores y la luz,

como bloques de mármol, brutalmente,
cual si el cristal del aire se me hundiera,
astillándome el alma sus aristas.

Eso que viste desde mi ventana,
eso es el mundo.
Siempre se agolpa igual: luces y formas,
árbol, arbusto, flor, colina, cielo
con nubes o sin nubes,
y, ya rojos, ya grises, los tejados
del hombre. Nada más: siempre es lo mismo.
Es una granazón, una abundancia,
es un tierno pujar de jugos hondos,
que levanta el amor y Dios ordena
en nódulos y en haces,
un dulce hervir no más.
                              Oh sí, me alegro
de que fuera lo último
que vieras tú, la imagen de color
que sordamente bullirá en tu nada.
Este paisaje, esas
rosas, esas moreras ya desnudas,
ese tímido almendro que aún ofrece
sus tiernas hojas vivas al invierno,
ese verde cerrillo
que en lenta curva corta mi ventana,
y esa ciudad al fondo,
serán también una presencia oscura
en mi nada, en mi noche.
¡Oh pobre ser, igual, igual tú y yo!

En tu noble cabeza
que ahora un hilo blancuzco
apenas une al tronco,
tu enorme trompa
se ha quedado extendida.
¿Qué zumos o qué azúcares
voluptuosamente

aspirabas, qué aroma tentador
te estaba dando
esos tirones sordos
que hacen que el caminante siga y siga
(aun a pesar del frío del crepúsculo,
aun a pesar del sueño),
esos dulces clamores,
esa necesidad de ser futuros
que llamamos la vida,
en aquel mismo instante
en que súbitamente el mundo se te hundió
como un gran trasatlántico
que lleno de delicias y colores
choca contra los hielos y se esfuma
en la sombra, en la nada?

¿Viste quizá por último
mis tres rosas postreras?
                              Un zarpazo
brutal, una terrible llama roja,
brasa que en un relámpago violeta
se condensaba. Y frío. ¡Frío!: un hielo
como al fin del otoño
cuando la nube del granizo
con brusco alón de sombra nos emplomiza el aire.
No viste ya. Y cesaron
los delicados vientos
de enhebrar los estigmas de tu elegante abdomen
(como una góndola,
como una guzla del azul más puro)
y el corazón elemental cesó
de latir. De costado
caíste. Dos, tres veces
un obstinado artejo
tembló en el aire, cual si condensara
en cifra los latidos
del mundo, su mensaje
final.

Y fuiste cosa: un muerto.
Sólo ya cosa, sólo ya materia
orgánica, que en un torrente oscuro
volverá al mundo mineral. ¡Oh Dios,
oh misterioso Dios,
para empezar de nuevo por enésima vez
tu enorme rueda! *mitología!*

Estabas en mi casa,
mirabas mi jardín, eras muy bello.
Yo te maté.
¡Oh si pudiera ahora
darte otra vez la vida,
yo que te di la muerte!

MONSTRUOS

Todos los días rezo esta oración
al levantarme:

Oh Dios,
no me atormentes más.
Dime qué significan
estos espantos que me rodean.
Cercado estoy de monstruos
que mudamente me preguntan,
igual, igual que yo les interrogo a ellos.
Que tal vez te preguntan,
lo mismo que yo en vano perturbo
el silencio de tu invariable noche
con mi desgarradora interrogación.
Bajo la penumbra de las estrellas
y bajo la terrible tiniebla de la luz solar,
me acechan ojos enemigos,
formas grotescas me vigilan,
colores hirientes lazos me están tendiendo:
¡son monstruos,
estoy cercado de monstruos!

No me devoran.
Devoran mi reposo anhelado,
me hacen ser una angustia que se desarrolla a sí
    misma,
me hacen hombre,
monstruo entre monstruos.

No, ninguno tan horrible
como este Dámaso frenético,
como este amarillo ciempiés que hacia ti clama con
    todos sus tentáculos enloquecidos,
como esta bestia inmediata
transfundida en una angustia fluyente;
no, ninguno tan monstruoso
como esta alimaña que brama hacia ti,
como esta desgarrada incógnita
que ahora te increpa con gemidos articulados,
que ahora te dice:
«Oh Dios,
no me atormentes más,
dime qué significan
estos monstruos que me rodean
y este espanto íntimo que hacia ti gime en la noche.»

LA MADRE

No me digas
que estás llena de arrugas, que estás llena de sueño,
que se te han caído los dientes,
que ya no puedes con tus pobres remos hinchados,
    deformados por el veneno del reuma.

No importa madre, no importa.
Tú eres siempre joven,
eres una niña,
tienes once años.
Oh, sí, tú eres para mí eso: una candorosa niña.

Y verás que es verdad si te sumerges en esas lentas
    aguas, en esas aguas poderosas,
que te han traído a esta ribera desolada.
Sumérgete, nada a contracorriente, cierra los ojos,
y cuando llegues, espera allí a tu hijo.
Porque yo también voy a sumergirme en mi niñez
    antigua,
pero las aguas que tengo que remontar hasta casi la
    fuente,
son mucho más poderosas, son aguas turbias, como
    teñidas de sangre.
Óyelas, desde tu sueño, cómo rugen,
cómo quieren llevarse al pobre nadador.
¡Pobre del nadador que somorguja y bucea en ese
    mar salobre de la memoria!

... Ya ves: ya hemos llegado.
¿No es una maravilla que los dos hayamos arribado a
  esta prodigiosa ribera de nuestra infancia?
Sí, así es como a veces fondean un mismo día en el
  puerto de Singapoor dos naves,
y la una viene de Nueva Zelanda, la otra de Brest.
Así hemos llegado los dos, ahora, juntos.
Y ésta es la única realidad, la única maravillosa
  realidad:
que tú eres una niña y que yo soy un niño.

¿Lo ves, madre?
No se te olvide nunca que todo lo demás es mentira,
  que esto sólo es verdad, la única verdad.
Verdad, tu trenza muy apretada, como la de esas
  niñas acabaditas de peinar ahora,
tu trenza, en la que se marcan tan bien los brillantes
  lóbulos del trenzado,
tu trenza, en cuyo extremo pende, inverosímil, un
  pequeño lacito rojo;
verdad, tus medias azules, anilladas de blanco, y las
  puntillas de los pantalones que te asoman por
  debajo de la falda;
verdad tu carita alegre, un poco enrojecida, y la
  tristeza de tus ojos.
(Ah, ¿por qué está siempre la tristeza en el fondo de
  la alegría?)
¿Y adónde vas ahora? ¿Vas camino del colegio?

Ah, niña mía, madre,
yo, niño también, un poco mayor, iré a tu lado,
te serviré de guía,
te defenderé galantemente de todas las brutalidades
  de mis compañeros,
te buscaré flores,
me subiré a las tapias para cogerte las moras más
  negras, las más llenas de jugo,

te buscaré grillos reales, de esos cuyo cricrí es como
    un choque de campanitas de plata.
¡Qué felices los dos, a orillas del río, ahora que va a
    ser el verano!

A nuestro paso van saltando las ranas verdes,
van saltando, van saltando al agua las ranas verdes:
es como un hilo continuo de ranas verdes,
que fuera repulgando la orilla, hilvanando la orilla
    con el río.
¡Oh qué felices los dos juntos, solos en esta mañana!
Ves: todavía hay rocío de la noche; llevamos los
    zapatos llenos de deslumbrantes gotitas.

¿O es que prefieres que yo sea tu hermanito menor?
Sí, lo prefieres.
Seré tu hermanito menor, niña mía, hermana mía,
    madre mía.
¡Es tan fácil!
Nos pararemos un momento en medio del camino,
para que tú me subas los pantalones,
y para que me suenes las narices, que me hace mucha
    falta
(porque estoy llorando; sí, porque ahora estoy llo-
    rando).

No. No debo llorar, porque estamos en el bosque.
Tú ya conoces las delicias del bosque (las conoces por
    los cuentos,
porque tú nunca has debido estar en un bosque,
o por lo menos no has estado nunca en esta deliciosa
    soledad, con tu hermanito).
Mira, esa llama rubia, que velocísimamente repique-
    tea las ramas de los pinos,
esa llama que como un rayo se deja caer al suelo, y
    que ahora de un bote salta a mi hombro,
no es fuego, no es llama, es una ardilla.

¡No toques, no toques ese joyel, no toques esos
diamantes!

¡Qué luces de fuego dan, del verde más puro, del
tristísimo y virginal amarillo, del blanco creador,
del más hiriente blanco!

¡No, no lo toques!: es una tela de araña, cuajada de
gotas de rocío.

Y esa sensación que ahora tienes de una ausencia
invisible, como una bella tristeza, ese acompasado
y ligerísimo rumor de pies lejanos, ese vacío, ese
presentimiento súbito del bosque,

es la fuga de los corzos. ¿No has visto nunca corzas
en huída?

¡Las maravillas del bosque! Ah; son innumerables;
nunca te las podría enseñar todas, tendríamos para
toda una vida...

...para toda una vida. He mirado, de pronto, y he
visto tu bello rostro lleno de arrugas,

el torpor de tus queridas manos deformadas,

y tus cansados ojos llenos de lágrimas que tiemblan.

Madre mía, no llores: víveme siempre en sueño.

Vive, víveme siempre ausente de tus años, del sucio
mundo hostil, de mi egoísmo de hombre, de mis
palabras duras.

Duerme ligeramente en ese bosque prodigioso de tu
inocencia,

en ese bosque que crearon al par tu inocencia y mi
llanto.

Oye, oye allí siempre cómo te silba las tonadas nue-
vas, tu hijo, tu hermanito, para arrullarte el sueño.

No tengas miedo, madre. Mira, un día ese tu sueño
cándido se te hará de repente más profundo y más
nítido.

Siempre en el bosque de la primer mañana, siempre
en el bosque nuestro.

Pero ahora ya serán las ardillas, lindas, veloces lla-
mas, llamitas de verdad;

y las telas de araña, celestes pedrerías;
y la huída de corzas, la fuga secular de las estrellas a
la busca de Dios.
Y yo te seguiré arrullando el sueño oscuro, te seguiré
cantando.
Tú oirás la oculta música, la música que rige el
universo.
Y allá en tu sueño, madre, tú creerás que es tu hijo
quien la envía. Tal vez sea verdad: que un corazón
es lo que mueve el mundo.

Madre, no temas. Dulcemente arrullada, dormirás en
el bosque el más profundo sueño.
Espérame en tus sueños. Espera allí a tu hijo, ma-
dre mía.

A PIZCA

Bestia que lloras a mi lado, dime:
¿Qué dios huraño
te remueve la entraña?
¿A quién o a qué vacío
se dirige tu anhelo,
tu oscuro corazón?
¿Por qué gimes, qué husmeas, qué avizoras?
¿Husmeas, di, la muerte?
¿Aúllas a la muerte,
proyectada, cual otro can famélico,
detrás de mí, de tu amo?
Ay, Pizca,
tu terror es quizá sólo el del hombre
que el bieldo enarbolaba,
o el horror a la fiera
más potente que tú.
Tú, sí, Pizca; tal vez lloras por eso.
Yo, no.

Lo que yo siento es
un horror inicial de nebulosa;
o ese espanto al vacío,
cuando el ser se disuelve, esa amargura
del astro que se enfría entre lumbreras
más jóvenes, con frío sideral,
con ese frío que termina
en la primera noche, aún no creada;
o esa verdosa angustia del cometa

que, antorcha aún, como oprimida antorcha,
invariablemente, indefinidamente,
cae,
pidiendo destrucción, ansiando choque.
Ah, sí, que es más horrible
infinito caer sin dar en nada,
sin nada en que chocar. Oh viaje negro,
oh poza del espanto:
y, cayendo, caer y caer siempre.

Las sombras que yo veo tras nosotros,
tras ti, Pizca, tras mí,
por las que estoy llorando,
ya ves, no tienen nombre:
son la tristeza original,
son la amargura
primera,
son el terror oscuro,
ese espanto en la entraña
de todo lo que existe
(entre dos noches, entre dos simas, entre dos mares),
de ti, de mí, de todo.
No tienen, Pizca, nombre, no; no tienen nombre.

náufrago

EN LA SOMBRA

Sí: tú me buscas.

A veces en la noche yo te siento a mi lado,
que me acechas,
que me quieres palpar,
y el alma se me agita con el terror y el sueño,
como una cabritilla, amarrada a una estaca,
que ha sentido la onda sigilosa del tigre
y el fallido zarpazo que no incendió la carne,
que se extinguió en el aire oscuro.

Sí: tú me buscas.

Tú me oteas, escucho tu jadear caliente,
tu revolver de bestia que se hiere en los troncos,
siento en la sombra
tu inmensa mole blanca, sin ojos, que voltea
igual que un iceberg que sin rumor se invierte en el
    agua salobre.

Sí: me buscas.
Torpemente, furiosamente lleno de amor me buscas.

No me digas que no. No, no me digas
que soy náufrago solo
como esos que de súbito han visto las tinieblas
rasgadas por la brasa de luz de un gran navío,
y el corazón les puja de gozo y de esperanza.

Pero el resuello enorme
pasó, rozó lentísimo, y se alejó en la noche, indiferen-
te y sordo.

Dime, di que me buscas.
Tengo miedo de ser náufrago solitario,
miedo de que me ignores
como al náufrago ignoran los vientos que le baten,
las nebulosas últimas, que, sin ver, le contemplan.

LA OBSESIÓN

Tú. Siempre tú.
Ahí estás,
moscardón verde,
hocicándome testarudo,
batiendo con zumbido interminable
tus obstinadas alas, tus poderosas alas velludas,
arrinconando esta conciencia, este trozo de concien-
   cia empavorecida,
izándola a empellones tenaces
sobre las crestas últimas, ávidas ya de abismo.

Alguna vez te alejas,
y el alma, súbita, como oprimido muelle que una
   mano en el juego un instante relaja,
salta y se aferra al gozo, a la esperanza trémula,
a luz de Dios, a campo del estío,
a estos amores próximos que, mudos, en torno de mi
   angustia, me interrogan
con grandes ojos ignorantes.
Pero ya estás ahí, de nuevo,
sordo picón, ariete de la pena,
agrio berbiquí mío, carcoma de mi raíz de hombre.
¿Qué piedras, qué murallas
quieres batir en mí,
oh torpe catapulta?

Sí, ahí estás,
peludo abejarrón.
Azorado en el aire,

sacudes como dudosos diedros de penumbra,
alas de pardo luto,
oscilantes, urgentes, implacables al cerco.
Rebotado de ti, por el zigzag
de la avidez te enviscas
en tu presa,
hocicándome, entrechocándome siempre.

No me sirven mis manos ni mis pies,
que afincaban la tierra, que arredraban el aire,
no me sirven mis ojos, que aprisionaron la hermosura,
no me sirven mis pensamientos, que coronaron mun-
    dos a la caza de Dios.

Heme aquí, hoy, inválido ante ti,
ante ti,
infame criatura, en tiniebla nacida,
pequeña lanzadera
que tejes ese ondulante paño de la angustia,
que me ahoga
y ya me va a extinguir como se apaga el eco
de un ser con vida en una tumba negra.

Duro, hiriente, me golpeas una vez y otra vez,
extremo diamantino
de vengador venablo, de poderosa lanza.
¿Quién te arroja o te blande?
¿Qué inmensa voluntad de sombra así se obstina
contra un solo y pequeño (¡y tierno!) punto vivo de
    los espacios cósmicos?
No, ya no más, no más, acaba, acaba,
atizonador de mi delirio,
hurgón de esto que queda de mi rescoldo humano,
menea, menea bien los últimos encendidos carbones,
y salten las altas llamas purísimas, las altas llamas
    cantoras,
proclamando a los cielos
la gloria, la victoria final
de una razón humana que se extingue.

DOLOR

[handwritten margin notes: arder, quema, junto al tiempo, sigiloso, lento y constante]

Hacia la madrugada
me despertó de un sueño dulce
un súbito dolor,
un estilete
en el tercer espacio intercostal derecho.

Fino, fino,
iba creciendo y en largos arcos se irradiaba.
Proyectaba raíces, que, invasoras,
se hincaban en la carne,
desviaban, crujiendo, los tendones,
perforaban, sin astillar, los obstinados huesos durí-
    simos,
y de él surgía todo un cielo de ramas
oscilantes y aéreas,
como un sauce juvenil bajo el viento,
ahora iluminado, ahora torvo,
según los galgos-nubes galopan sobre el campo
en la mañana
primaveral.

Sí, sí, todo mi cuerpo era como un sauce abrileño,
    como un sutil dibujo,
como un sauce temblón, todo delgada tracería,
largas ramas eléctricas,
que entrechocaban con descargas breves,
entrelazándose, disgregándose,
para fundirse en nódulos o abrirse
en abanico.

¡Ay!
Yo, acurrucado junto a mi dolor,
era igual que un niñito de seis años
que contemplara absorto
a su hermano menor, recién nacido,
y de pronto le viera
crecer, crecer, crecer,
hacerse adulto, crecer
y convertirse en un gigante,
crecer, pujar, y ser ya cual los montes,
pujar, pujar, y ser como la vía láctea,
pero de fuego,
crecer aún, aún,
ay, crecer siempre.
Y yo era un niño de seis años
acurrucado en sombra junto a un gigante cósmico.

Y fue como un incendio,
como si mis huesos ardieran,
como si la médula de mis huesos chorreara fundida,
como si mi conciencia se estuviera abrasando,
y abrasándose, aniquilándose,
aún incesantemente
se repusiera su materia combustible.

Fuera, había formas no ardientes,
lentas y sigilosas,
frías:
minutos, siglos, eras:
el tiempo.
Nada más: el tiempo frío, y junto a él un incendio
    universal, inextinguible.

Y rodaba, rodaba el frío tiempo, el impiadoso tiempo
    sin cesar,
mientras ardía con virutas de llamas,
con largas serpientes de azufre,

con terribles silbidos y crujidos,
siempre,
mi gran hoguera.
Ah, mi conciencia ardía en frenesí,
ardía en la noche,
soltando un río líquido y metálico
de fuego,
como los altos hornos
que no se apagan nunca,
nacidos para arder, para arder siempre.

EL ALMA ERA LO MISMO
QUE UNA RANITA VERDE

El alma era lo mismo
que una ranita verde,
largas horas sentadas sobre el borde
de un rumoroso
Misisipí.
Desea el agua, y duda. La desea
porque es el elemento para que fue criada,
pero teme
el bramador empuje del caudal,
y, allá en lo oscuro, aún ignorar querría
aquel inmenso hervor
que la puede apartar (ya sin retorno,
hacia el azar sin nombre)
de la ribera dulce, de su costumbre antigua.
Y duda y duda y duda la pobre rana verde.

Y hacia el atardecer,
he aquí que, de pronto,
un estruendo creciente retumba derrumbándose,
y enfurecida salta el agua
sobre sus lindes,
y sube y salta
como si todo el valle fuera
un hontanar hirviente,
y crece y salta
en rompientes enormes,

donde se desmoronan
torres nevadas contra el huracán,
o ascienden, dilatándose
como gigantes flores que se abrieran al viento,
efímeros arcángeles de espuma.
Y sube, y salta, espuma, aire, bramido,
mientras a entrambos lados rueda o huye,
oruga sigilosa o tigre elástico
(fiera, en fin, con la comba del avance)
la lámina de plomo que el ancho valle oprime.

Oh, si llevó las casas, si desraigó los troncos,
si casi horadó montes,
nadie pregunta por las ranas verdes...

...¡Ay, Dios,
cómo me has arrastrado,
cómo me has desarraigado,
cómo me llevas
en tu invencible frenesí,
cómo me arrebataste
hacia tu amor!
Yo dudaba.
No, no dudo:
dame tu incógnita aventura,
tu inundación, tu océano,
tu final,
la tromba indefinida de tu mente,
dame tu nombre,
en ti.

VIDA DEL HOMBRE

Oh niño mío, niño mío,
¡cómo se abrían tus ojos
contra la gran rosa del mundo!

Sí,
tú eras ya una voluntad.
Y alargabas la manecita
por un cristal transparente
que no ofrecía resistencia:
el aire,
ese dulce cristal
transfundido por el sol.

Querías coger la rosa.
Tú no sabías
que ese cristal encendido
no es cristal, que es un agua verde,
agua salobre de lágrimas,
mar alta y honda.

Y muy pronto,
ya alargabas tras la mano
de niño, tu hombro ligero,
tus alas de adolescente.

¡Y allá se fue el corazón
viril!

Y ahora,
ay, no mires,
no mires porque verás
que estás solo,
entre el viento y la marea.
(Pero ¡la rosa, la rosa!)

Y una tarde
(¡olas inmensas del mar, olas que ruedan los vientos!)
se te han de cerrar los ojos contra la rosa lejana,
¡tus mismos ojos de niño!

NOTA PRELIMINAR
A «LOS INSECTOS»

Protesta usted, indignada, de mi poema *Los Insectos*. Ya la hubiera querido ver a usted en aquella noche de agosto de 1932, en este desierto de Chamartín, en este Chamartín, no de la Rosa, sí del cardo corredor, de la lata vieja y del perro muerto. Altas horas. La ventana abierta, la lámpara encendida, trabajaba yo. Y sobre la lámpara, sobre mi cabeza, sobre la mesa, se precipitaban inmensas bandadas de insectos, unos pegajosos y blandos, otros con breve choque de piedra o de metal: brillantes, duros, pesados coleópteros; minúsculos hemípteros saltarines, y otros que se levantan volando sin ruido, con su dulce olor a chinche; monstruosos, grotescos ortópteros; lepidópteros en miniatura, de esos que Eulalia llama *capitas;* vivaces y remilgados dípteros; tenues, delicadísimos neurópteros. Todos extraños y maravillosos. Muchos de ellos, adorables criaturas, lindos, lindos, como para verlos uno a uno, y echarse a llorar, con ternura de no sé qué, con nostalgia de no sé qué. Ah, pero era su masa, su abundancia, su incesante fluencia, lo que me tenía inquieto, lo que al cabo de un rato llegó a socavar en mí ese pozo interior y súbito, ese acurrucarse el ser en un rincón, sólo en un rincón de la conciencia: el espanto. He leído terrores semejantes de viajeros por el África ecuatorial. Un reino magnífico y fastuoso, un reino extraño, ajeno al hombre e incomprensible para él, había convocado sus banderas, había precipitado sus legiones en aquella noche abrasada, contra mí. Y cada ser nuevo, cada forma viva y extraña, era una amenaza distinta, una nueva voz del misterio. Signos en la noche, extraños signos contra mí. ¿Mi destrucción?

Y había dos géneros monstruosos que en especial me aterrorizaban. Grandes ejemplares de *mantis religiosa* venían volando pesadamente (yo no sabía que este espantoso y feroz animal fuera capaz de vuelo), y caían, proféticos, sobre mí o chocaban contra la lámpara. Cada vez que esto sucedía, corría por mi cuerpo y por mi alma un largo rehilamiento de terror. Junte usted además el espanto de las crisopas. Son éstas unos neurópteros delicadísimos, de un verde, ¿cómo decírselo a usted?, de un verde no terreno, trasestelar, soñado, con un cuerpo minúsculo y largas alas de maravillosa tracería. Como su nombre indica, y usted sabe (puesto que usted ha hecho, como yo, los primeros pinitos de griego) tienen los ojos dorados: dos bolitas diminutas de un oro purísimo. Oh, créame usted, mucho más bellas que lo que llamamos oro. Pero ocurrió que me pasé las manos por la cara y quedé asombrado: yo estaba podrido. No, no era a muerto: no estaba muerto, no. No era la podredumbre que se produce sobre la muerte, sino la que se produce en los seres vivos. Oh, perdone usted, perdóneme usted, mi querida amiga: piense usted en una cloaca que fuera una boca humana, o en una boca humana que fuera una cloaca. Y ahora intensifique ese olor; multiplique su fría animosidad, su malicia antihumana, su poder de herir o picar en la pituitaria y producir una conmoción, una alarma frenética en no sé qué centro nervioso, atávicamente opuesto a su sentido; concentre usted aún más y piense en la idea pura del olor absoluto. Y entonces tendrá usted algo semejante. ¡Oh Dios mío! ¡Oh gran Dios! Sin duda la fétida miseria de mi alma había terminado de inficionar mi cuerpo. Porque aquello era mucho más que mi habitual putrefacción. El horrendo olor se repitió muchas veces, y llegué a observar que, siempre, después de tocarme una crisopa. No lo sabía antes. Luego he podido comprobar que estos animales (por lo menos en las noches de verano) son nada más que bellísimas sentinas.

Oh, yo la hubiera querido ver allí, mi querida amiga. Mi alma se llenó de náuseas, de espanto y de furia, y, alucinado, demente, escribí el poema que a usted tanto le molesta.

(De una carta del autor a la Sra. de H.)

LOS INSECTOS

A José María de Cossío.

Me están doliendo extraordinariamente los insectos,
porque no hay duda estoy desconfiando de los insectos,
de tantas advertencias, de tantas patas, cabezas y esos
    ojos,
oh, sobre todo esos ojos
que no me permiten vigilar el espanto de las noches,
la terrible sequedad de las noches, cuando zumban
    los insectos,
de las noches de los insectos,
cuando de pronto dudo de los insectos, cuando me
    pregunto: *ah, ¿es que hay insectos?,*
cuando zumban y zumban y zumban los insectos,
cuando me duelen los insectos por toda el alma,
con tantas patas, con tantos ojos, con tantos mundos
    de mi vida,
que me habían estado doliendo en los insectos,
cuando zumban, cuando vuelan, cuando se chapuzan
    en el agua, cuando...
¡ah!, cuando los insectos.

Los insectos devoran la ceniza y me roen las noches,
porque salen de tierra y de mi carne de insectos los
    insectos.
¡Disecados, disecados, los insectos!
Eso: disecados los insectos que zumbaban, que co-
    mían, que roían, que se chapuzaban en el agua,

¡ah, cuando la creación!, el día de la creación,
cuando roían las hojas de los insectos, de los árboles
   de los insectos,
y nadie, nadie veía a los insectos que roían, que roían
   el mundo,
el mundo de mi carne (y la carne de los insectos),
los insectos del mundo de los insectos que roían.

Y estaban verdes, amarillos y de color de dátil, de
   color de tierra seca los insectos,
ocultos, sepultos, fuera de los insectos y dentro de mi
   carne, dentro de los insectos y fuera de mi alma,
disfrazados de insectos.
Y con ojos que se reían y con caras que se reían y
   patas
(y patas, que no se reían), estaban los insectos metáli-
   cos royendo, royendo y royendo mi alma, la pobre,
zumbando y royendo el cadáver de mi alma que no
   zumbaba y que no roía,
royendo y zumbando mi alma, la pobre, que no
   zumbaba, eso no, pero que por fin roía (roía
   dulcemente),
royendo y royendo este mundo metálico y estos
   insectos metálicos que me están royendo el mundo
   de pequeños insectos,
que me están royendo el mundo y mi alma,
que me están royendo mi alma toda hecha de pe-
   queños insectos metálicos,
que me están royendo el mundo, mi alma, mi alma,
y, ¡ah!, los insectos,
y, ¡ah!, los puñeteros insectos.

HOMBRE

Hombre,
gárrula tolvanera
entre la torre y el azul redondo,
vencejo de una tarde, algarabía
desierta de un verano.

Hombre, borrado en la expresión, disuelto
en ademán: sólo flautín bardaje,
sólo terca trompeta,
híspida en el solar contra las tapias.

Hombre,
melancólico grito,
¡oh solitario y triste
garlador!: ¿dices algo, tienes algo
que decir a los hombres o a los cielos?
¿Y no es esa amargura
de tu grito, la densa pesadilla
del monólogo eterno y sin respuesta?

Hombre,
cárabo de tu angustia,
agüero de tus días
estériles, ¿qué aúllas, can, qué gimes?
¿Se te ha perdido el amo?
No: se ha muerto.

¡Se te ha podrido el amo en noches hondas,
y apenas sólo es ya polvo de estrellas!
Deja, deja ese grito,
ese inútil plañir, sin eco, en vaho.
Porque nadie te oirá. Solo. Estás solo.

RAÍCES DEL ODIO

¡Oh profundas raíces,
amargor de veneno hasta mis labios
sin estrellas, sin sangre!
¡Furias retorcedoras
de una vida delgada en indeciso
perfume! ¡Oh yertas, soterradas furias!

¿Quién os puso en la tierra
del corazón? Que yo buscaba pájaros
de absorto vuelo en la azorada tarde,
jardines vagos cuando los crepúsculos
se han hecho dulce vena,
tersa idea divina,
si hay tercas fuentes, sollozante música,
dulces sapos, cristal, agua en memoria.
Que yo anhelaba aquella flor celeste,
rosa total —sus pétalos estrellas,
su perfume el espacio,
y su color el sueño—
que en el tallo de Dios se abrió una tarde,
conjunción de los átomos en norma,
el tibio, primer día,
cuando amor se ordenaba en haces de oro.

Y llegabais vosotras, llamas negras,
embozadas euménides, enlutados espantos,
raíces sollozantes,
vengadoras raíces,
seco jugo de bocas ya borradas.

¿De dónde el huracán,
el fúnebre redoble
del campo, los sequísimos
nervios, mientras los agrios violines
hacen crujir, saltar las cuerdas últimas?
¡Y ese lamer, ese lamer constante
de las llamas de fango,
voracidad creciente
de las noches de insomnio, negra hiedra
del corazón, mano de lepra en flecos
que retuerce, atenaza
las horas secas, nítidas,
inacabables, ay,
hozando con horrible
mucosidad,
tibia mucosidad,
la boca virginal, estremecida!
¡Oh! ¿De dónde, de dónde, vengadoras?

¡Oh vestiglos! ¡Oh furias!
Ahí tenéis el candor, los tiernos prados,
las vaharientas vacas de la tarde,
la laxitud dorada y el trasluz
de las dulces ojeras,
¡ay viñas de San Juan,
cuando la ardiente lanza del solsticio
se aterciopela en llanto!

Ahí tenéis la ternura
de las tímidas manos ya no esquivas,
de manos en delicia, abandonadas
a un fluir de celestes nebulosas,
y las bocas de hierba suplicante
próximas a la música del río.
¡Ay del dulce abandono! ¡Ay de la gracia
mortal de la dormida primavera!

¡Ay palacios, palacios,
termas, anfiteatros, graderías,
que robasteis sus salas a los vientos!
¡Ay torres de mi afán, ay altos cirios
que vais a Dios por las estrellas últimas!
¡Ay del esbelto mármol, ay del bronce!

¡Ay chozas de la tierra,
que dais sueño de hogar al mediodía,
borradas casi en sollozar de fuente
o en el bullir del romeral solícito,
rubio de miel sonora!

¿Pero es que no escucháis, es que no veis
cómo el fango salpica
los últimos luceros putrefactos?
¿No escucháis el torrente de la sangre?
¡Y esas luces moradas,
esos lirios de muerte, que galopan
sobre los duros hilos de los vientos!

Sí, sois vosotras, hijas de la ira,
frenéticas raíces
que penetráis, que herís,
que hozáis, que hozáis con vuestros secos brazos,
flameantes banderas de victoria,
donde lentas se yerguen,
súbitas se desgarran
las afiladas testas viperinas.

Sádicamente, sabia-
mente, morosamente,
roéis la pálpitante,
la estremecida pulpa voluptuosa.
Lúbricos se entretejen
los enormes meandros,

las pausadas anillas;
y las férreas escamas
abren rastros de sangre y de veneno.

¡Cómo atraviesa el alma vuestra gélida
deyección nauseabunda!
¡Cómo se filtra el acre,
el fétido sudor de vuestra negra
corteza sin luceros,
mientras salta en el aire en amarilla
lumbrarada de pus, vuestro maldito
semen...!

        ¡Morir! ¡Morir!
¡Ay, no dais muerte al mundo, sí alarido,
agonía, estertor inacabables!

Y ha de llegar un día
en que el mundo será sorda maraña
de vuestros fríos brazos,
y una charca de pus el ancho cielo,
raíces vengadoras,
¡oh lívidas raíces pululantes,
oh malditas raíces
del odio, en mis entrañas,
en la tierra del hombre!

MÍSTICO

EL ALMA

LA ISLA

¡Aquella extraña travesía
de Nueva York hasta Cherburgo!
Ni siquiera una vez se movió el mar,
ni osciló el barco:
siempre una lámina tensa,
ya aceitosa bajo neblinas,
ya acerada bajo soles imperturbables.
¡Y yo siempre en la borda,
en acecho del monstruo,
esperando su bostezo imponente,
su rugido,
su colear de tralla!

A veces pienso
que mi alma fuera
como una isla,
rodeada durante muchos años
de un espejo de azogue inconmovible,
igual a aquel del prodigioso viaje,
isla ufana de sus palmeras, de sus celajes, de sus flores,
llena de dulce vida y de interior isleño,
con villas diminutas, con sus mercados, con sendas
por las que tal vez corre a la aurora un cochecillo traqueteante,
pero, olvidada, ensimismada en sueños como suaves neblinas, quizá sin conocer
el ceñidor azul que la circunda,
ese metal que, bella piedra, acerado la engasta,

su razón de existir,
lo que le da su ser,
su forma de tierno reloj vivo, o de tortuga:
isla.

Y pienso
cuán prodigioso fue
que tú me rodearas,
que tú me contuvieras, Señor, así,
y que no me hayas destruído
en una lumbrarada súbita,
hostigando las olas con el acerbo látigo del viento
    gemidor,
para que, panteras aún con el furor del sueño,
de un salto se lanzaran
sobre su presa,
sino que hayas estado circundándome
45 años,
originándome
45 años,
callado y en reposo junto a tu criatura
más desvalida,
lo mismo que el enorme mastín paterno vela,
sin nana, sin arrullo,
el sueño
del niño más pequeño de la casa.
Y has sido para mí como un paisaje
nunca visto, ni soñado tampoco,
y como una música ni oída ni pensada,
que misteriosamente,
sin nosotros saberlo,
nos condicionan con secretos efluvios de belleza,
lo mismo que los astros más incógnitos,
esclavitud lejana nos imponen
con los apremios de su grave norma.

Y luego has comenzado
a agitarte, a agitarme.

Primero sólo un pliegue,
un pliegue sin murmullo, que, extenso al infinito,
avanza por la líquida llanura,
como la grada de un inmenso altar,
sordamente corrida por sigilosos ángeles que la acer-
can a Dios.
Después ha comenzado lejos la resaca, como un
lamento de las bestias marinas,
y he visto pasar como horribles hipopótamos que
avanzaran de lado,
las grandes olas de fondo,
los vientres enormes que ruedan y ruedan, ignorantes
de su destino,
hasta que allá junto a la costa comienzan a parir
sin gemido peinadas cabelleras intensamente ver-
des, que al fin, blanco purísimo, en arco se de-
rraman,
para batir su fúnebre redoble sobre el tambor tirante
de la arena;
y he visto las jacas desenfrenadas y unánimes, que
rompieron por fin la rienda y chocan de frente con
las estrías del acantilado,
como si todos los macillos de un piano inmenso
fueran movidos a la vez por una mano gigante,
retirándose súbitamente para que el sonido no
se difumine (como en el dulce mecanismo del
piano),
y sólo asciende vertical la espuma de los heridos
belfos.

Y me he asomado en la noche
y he sentido bullir, subir, amenazadora, una marea
inmensa y desconocida,
como cuando lentamente, apenas borboteante, sube
la leche en el perol si en ella se acumulan danzando
los genios sombríos del fuego.
Toda la vida oculta en el implacable mar, bulle y se
levanta,

y el mar se alza como materia sólida, como un paño
   de luto,
como el brazo de un muerto levantará su sudario en
   el día de la resurrección o la venganza.

Y el ser misterioso crece, crece y sube,
como en la pesadilla de la madrugada la bestia que
   nos va a devorar.
Y crece, y lo sé unánime,
bullente, surgente,
con todos sus abismales espantos,
con sus más tórpidos monstruos,
con toda su vida, y con toda la muerte acumulada en
   su seno:
hasta los más tenebrosos valles submarinos
se han empinado sin duda sobre sus tristes hombros
   de vencidos titanes con un esfuerzo horrible.

Oh Dios,
yo no sabía que tu mar tuviera tempestades,
y primero creí que era mi alma la que bullía, la que se
   movía,
creía que allá en su fondo volaban agoreras las heces
   de tantos siglos de tristeza humana,
que su propia miseria le hacía hincharse como un
   tumefacto carbunclo.
Y eras tú.

Gracias, gracias, Dios mío,
tú has querido poner sordo terror y reverencia en mi
   alma infantil,
e insomnio agudo donde había sueño.
Y lo has logrado.

Pudiste deshacerme en una llamarada.
Así los pasajeros del avión que el rayo ha herido,
funden en una sola luz vivísima la exhalación que
   mata y tu presencia súbita.

Pero, no, tú quisiste mostrarme los escalones, las
moradas crecientes de tu terrible amor.
Apresura tu obra: ya es muy tarde.

Ya es hora, ya es muy tarde.
Acaba ya tu obra, como el rayo.
Desflécame, desfleca tu marea surgente, aviva, aviva
su negro plomo,
rómpela en torres de cristal, despícala
en broncos maretazos
que socaven los rotos resalseros,
desmantela ciclópeos rompeolas, osados malecones,
rompe, destruye, acaba esta isla ignorante,
ensimismada
en sus flores, en sus palmeras, en su cielo,
en sus aldeas blancas y en sus tiernos caminos,
y barran su cubierta en naufragio tus grandes olas,
tus olas alegres, tus olas juveniles que sin cesar
deshacen y crean,
tus olas jubilosas que cantan el himno de tu fuerza y
de tu eternidad.
Sí, ámame, abrásame, deshazme.
Y sea yo isla borrada de tu océano.

DE PROFUNDIS

Si vais por la carrera del arrabal, apartaos, no os
    inficione mi pestilencia.
El dedo de mi Dios me ha señalado: odre de putrefac-
    ción quiso que fuera este mi cuerpo,
y una ramera de solicitaciones mi alma,
no una ramera fastuosa de las que hacen languidecer
    de amor al príncipe,
sobre el cabezo del valle, en el palacete de verano,
sino una loba del arrabal, acoceada por los trajinantes,
que ya ha olvidado las palabras de amor,
y sólo puede pedir unas monedas de cobre en la
    cantonada.
Yo soy la piltrafa que el tablajero arroja al perro del
    mendigo,
y el perro del mendigo arroja al muladar.
Pero desde la mina de las maldades, desde el pozo de
    la miseria,
mi corazón se ha levantado hasta mi Dios,
y le ha dicho: Oh Señor, tú que has hecho también la
    podredumbre,
mírame,
yo soy el orujo exprimido en el año de la mala
    cosecha,
yo soy el excremento del can sarnoso,
el zapato sin suela en el carnero del camposanto,
yo soy el montoncito de estiércol a medio hacer, que
    nadie compra,
y donde casi ni escarban las gallinas.

Pero te amo,
pero te amo frenéticamente.
¡Déjame, déjame fermentar en tu amor,
deja que me pudra hasta la entraña,
que se me aniquilen hasta las últimas briznas de mi ser,
para que un día sea mantillo de tus huertos!

A LA VIRGEN MARÍA

Como hoy estaba abandonado de todos,
como la vida
(ese amarillo pus que fluye del hastío,
de la ilusión que lentamente se pudre,
de la horrible sombra cárdena donde nuestra húmeda
   orfandad se condensa),
goteaba en mi sueño, medidora del sueño, segundo
   tras segundo,
como el veneno ya me llegaba al corazón,
mi corazón rompió en un grito,
y era tu nombre,
Virgen María, madre.

(30 años hace que no te invocaba.)

No, yo no sé quién eres:
pero eres una gran ternura.
No sé lo que es la caricia de la primavera
cuando la siento subir como una turbia marea de mosto,
ni sé lo que es el pozo del sueño
cuando mis manos y mis pies con delicia se anegan,
y, hundiéndose, aún palpan el agua cada vez más
   humanamente profunda.

Y los niños, ligados, sordos, ciegos,
en el materno vientre,
antes que por primera vez se hince a la oscura
   llamarada del oxígeno

la roja flor gemela de sus pulmones,
así ignoran la madre,
protegidos por tiernas envolturas,
ciudades indefensas, pequeñas y dormidas
tras el alerta amor de sus murallas.

Y va y viene el fluído sigiloso y veloz de la sangre,
y viene y va la secretísima vena,
que trae íntimas músicas, señales misteriosas que
    conjuró el instinto,
y ellos
beben a sorbos ávidos, cada instante más ávidos,
la vida,
aun sólo luz de luna sobre una aldea incógnita
    sumergida en el sueño,
y oscuramente sienten que son un calorcito, que son
    un palpitar,
que son amor, que son naturaleza,
se sienten bien,
arbolitos, del verano en la tarde, a la brisa,
bebiendo una ignorante sucesión de minutos,
de la tranquila acequia.
Así te ignoro, madre.

No, yo no sé quién eres, pero tú eres
luna grande de enero que sin rumor nos besa,
primavera surgente como el amor en junio,
dulce sueño en el que nos hundimos,
agua tersa que embebe con trémula avidez la vegetal
    célula joven,
matriz eterna donde el amor palpita,
madre, madre.

No, no tengo razón.
Cerraré, cerraré, como al herir la aurora pesadillas de
    bronce,
la puerta del espanto,
porque fantasmas eran, son, sólo fantasmas,

mis interiores enemigos,
esa jauría, de carlancas híspidas,
que yo mismo, en traílla, azuzaba frenético
hacia mi destrucción,
y fantasmas también mis enemigos exteriores,
ese friso de bocas, ávidas ya de befa
que el odio encarnizaba contra mí,
esos dedos, largos como mástiles de navío,
que erizaban la lívida bocana de mi escape,
esas pezuñas, que tamborileaban a mi espalda, cre-
     cientes, sobre el llano.

Hoy surjo, aliento, protegido en tu clima,
cercado por tu ambiente,
niño que en noche y orfandad lloraba
en el incendio del horrible barco, y se despierta
en una isla maravillosa del Pacífico,
dentro de un lago azul, rubio de sol,
dentro de una turquesa, de una gota de ámbar
donde todo es prodigio:
el aire que flamea como banderas nítidas sus capas
     transparentes,
el sueño invariable de las absortas flores carmesíes,
la pululante pedrería, el crujir, el bullir de los insectos
     como átomos del mundo en su primer hervor,
los grandes frutos misteriosos
que adensan en perfume sin tristeza los zumos más
     secretos de la vida.

¡Qué dulce sueño, en tu regazo, madre,
soto seguro y verde entre corrientes rugidoras,
alto nido colgante sobre el pinar cimero,
nieve en quien Dios se posa como el aire de estío, en
     un enorme beso azul,
oh tú, primera y extrañísima creación de su amor!

... Déjame ahora que te sienta humana,
madre de carne sólo,

igual que te pintaron tus más tiernos amantes,
déjame que contemple, tras tus ojos bellísimos,
los ojos apenados de mi madre terrena,
permíteme que piense
que posas un instante esa divina carga
y me tiendes los brazos,
me acunas en tus brazos,
acunas mi dolor,
hombre que lloro.

Virgen María, madre,
dormir quiero en tus brazos hasta que en Dios
despierte.

¿DIFERENCIA O CAMBIO DE ACTITUD?

DIOS MADRE
DIOS PADRE

SAN JUAN DE LA CRUZ

DEDICATORIA FINAL (LAS ALAS)

Ah, pobre Dámaso,
tú, el más miserable, tú el último de los seres,
tú, que con tu fealdad y con el oscuro turbión de tu
    desorden,
perturbas la sedeña armonía
del mundo,
dime,
ahora que ya se acerca tu momento
(porque no hay ni un presagio que ya en ti no se haya
    cumplido),
ahora que subirás al Padre,
silencioso y veloz como el alcohol bermejo en los
    termómetros,
¿cómo has de ir con tus manos estériles?
¿qué le dirás cuando en silencio te pregunte qué has
    hecho?

Yo le diré: «Señor, te amé. Te amaba
en los montes, cuanto más altos, cuanto más des-
    nudos,
allí donde el silencio erige sus verticales torres sobre
    la piedra,
donde la nieve aún se arregosta en julio a los can-
    chales,
en el inmenso circo, en la profunda copa, llena de
    nítido cristal, en cuyo centro
un águila en enormes espirales se desliza
como una mota que en pausado giro

desciende por el agua
del transparente
vaso:
allí
me sentía más cerca de tu terrible amor, de tu garra
   de fuego.

Y te amaba en la briznilla más pequeña,
en aquellas florecillas que su mano me daba,
tan diminutas que sólo sus ojos inocentes,
aquellos ojos, anteriores a la maldad y al sueño,
las sabían buscar entre la hierba,
florecillas tal vez equivocadas en nuestro suelo, de-
   masiado grande,
quién sabe si caídas de algún planeta niño.
Ay, yo te amaba aún con más ternura en lo pe-
   queño.»

«Sí —te diré—, yo te he amado, Señor.»
Pero muy pronto
he de ver que no basta, que tú me pides más.
Porque, ¿cómo no amarte, oh Dios mío?
¿Qué ha de hacer el espejo sino volver el rayo que le
   hostiga?
La dulce luz refleja, ¿quién dice que el espejo la
   creaba?
Oh, no; no puede ser bastante.
Y como fina lluvia batida por el viento a fines de
   noviembre,
han de caer sobre mi corazón
las palabras heladas: «Tú, ¿qué has hecho?»

¿Me atreveré a decirte
que yo he sentido desde niño
brotar en mí, no sé, una dulzura torpe,
una venilla de fluído azul,
de ese matiz en que el azul se hace tristeza,
en que la tristeza se hace música?

La música interior se iba en el aire, se iba a su centro
    de armonía.
Algunas veces (¡ah, muy pocas veces!:
cuando apenas salía de la niñez; y luego en el acíbar
    de la juventud; y ahora que he sentido los prime-
    ros manotazos del súbito orangután pardo de mi
    vejez),
sí, algunas veces
se quedaba flotando la dulce música,
y, flotando, se cuajaba en canción.
Sí: yo cantaba.

«Y aquí —diré—, Señor, te traigo mis canciones.
Es lo que he hecho, lo único que he hecho.
Y no hubo ni una sola
en que el arco y al mismo tiempo el hito
no fueses tú.

Yo no he tenido un hijo,
no he plantado de viña la ladera de casa,
no he conducido a los hombres
a la gloria inmortal o a la muerte sin gloria,
no he hecho más que estas cancioncillas:
pobres y pocas son.

Primero aquellas puras (¡es decir, claras, tersas!)
y aquellas otras de la ciudad donde vivía.
Al vaciarme de mi candor de niño,
yo vertí mi ternura
en el librito aquel, igual
que en una copa de cristal diáfano.

Luego dormí en lo oscuro durante muchas horas,
y sólo unos instantes
me desperté
para cantar el viento, para cantar el verso,
los dos seres más puros
del mundo de materia y del mundo de espíritu.

Y al cabo de los años llegó por fin la tarde,
sin que supiera cómo,
en que cual una llama
de un rojo oscuro y ocre,
me vino la noticia,
la lóbrega noticia
de tu belleza y de tu amor.

                              ¡Cantaba!

¡Rezaba, sí!
Entonces
te recé aquel soneto
por la belleza de una niña, aquel
que tanto
te emocionó.
Ay, sólo después supe
—¿es que me respondías?—
que no era en tu poder quitar la muerte
a lo que vive:
ay, ni tú mismo harías que la belleza humana
fuese una viva flor sin su fruto: la muerte.
Pero yo era ignorante, tenía sueño, no sabía
que la muerte es el único pórtico de tu inmortalidad.

Y ahora, Señor, oh dulce Padre,
cuando yo estaba más caído y más triste,
entre amarillo y verde, como un limón no bien
    maduro,
cuando estaba más lleno de náuseas y de ira,
me has visitado,
y con tu uña,
como impasible médico
me has partido la bolsa de la bilis,
y he llorado, en furor, mi podredumbre
y la estéril injusticia del mundo,
y he manado en la noche largamente
como un chortal viscoso de miseria.

Ay, hijo de la ira
era mi canto.
Pero ya estoy mejor.
Tenía que cantar para sanarme.

Yo te he rezado mis canciones.
Recíbelas ahora, Padre mío.
Es lo que he hecho.
Lo único que he hecho.»

Así diré.
Me oirá en silencio el Padre,
y ciertamente
que se ha de sonreír.
Sí, se ha de sonreír, en cuanto a su bondad, pero no
    en cuanto
a su justicia.
Sobre mi corazón,
como
cuando quema los brotes demasiado atrevidos el
    enero,
caerán estas palabras heladas:
«Más. ¿Qué hiciste?»

Oh Dios,
comprendo,
yo no he cantado;
yo remedé tu voz cual dicen que los mirlos remedan
la del pastor paciente que los doma.

... Y he seguido en el sueño que tenía.
Me he visto vacilante,
cual si otra vez pesaran sobre mí
80 kilos de miseria orgánica,
cual si fuera a caer
a través de planetas y luceros,
desde la altura
vertiginosa.

...¡Voy a caer!
Pero el Padre me ha dicho:
«Vas a caerte,
abre las alas.»
¿Qué alas?
Oh portento, bajo los hombros se me abrían
dos alas,
fuertes, inmensas, de inmortal blancura.
Por debajo, ¡cuán lentos navegaban los orbes!
¡Con qué impalpable roce me resbalaba el aire!
Sí, bogaba, bogaba por el espacio, era
ser glorioso, ser que se mueve en las tres dimensiones
   de la dicha,
un ser alado.

Eran aquellas alas
lo que ya me bastaba ante el Señor,
lo único grande y bello
que yo había ayudado a crear en el mundo.

Y eran
aquellas alas vuestros dos amores,
vuestros amores, mujer, madre.
Oh vosotras las dos mujeres de mi vida,
seguidme dando siempre vuestro amor,
seguidme sosteniendo,
para que no me caiga,
para que no me hunda en la noche,
para que no me manche,
para que tenga el valor que me falta para seguir
   viviendo,
para que no me detenga voluntariamente en mi
   camino,
para que cuando mi Dios quiera gane la inmortalidad
   a través de la muerte,
para que Dios me ame,
para que mi gran Dios me reciba en sus brazos,
para que duerma en su recuerdo.

NOTA

«*La Injusticia*», «*El Último Caín*», «*En la sombra*», «*La Obsesión*» *y* «*A la Virgen María*» *no figuraban en la primera edición de este libro.*

NOTAS AL POEMARIO DE «HIJOS DE LA IRA»

Dedicatoria: Emilio García Gómez (1905), arabista español.

> *Cita:* [...] et eramus natura filii irae
> sicut et ceteri [...]
> (y éramos por naturaleza, hijos de la ira,
> también como los demás).
> Segunda epístola de San Pablo a los efesios.

1) INSOMNIO

Escrito hacia 1940, época en que los periódicos madrileños dan la cifra de un millón de habitantes para la capital de España. En conversación con Dámaso Alonso, con relación al comienzo del poema, «Madrid es», el poeta comentó: «Claro, claro. Lo lógico es que la protesta comience por lo inmediato. En términos orteguianos protestaba contra mi circunstancia y ésta empezaba aquí y terminaba en las galaxias lejanas. Veía la crueldad de los hombres que se matan y luego pasaba a la protesta por la organicidad misma de la vida toda ella basada en la muerte de los seres, de los animales, de las vacas, los moscardones azules... y si se quiere la de los vegetales que son seres orgánicos. ¿Qué primera causa ha sido la determinante de esa cadena de destrucciones? Y pensaba que donde hubiera vida orgánica sería lo mismo» (entrevista con Dámaso Alonso citada).

«Insomnio» está construido en verso libre, casi versículo, con ritmo encadenado, obsesivas reiteraciones paralelísticas e insistencia formal que se acompañan de una repetición temática para comunicar la descripción de la ciudad como cementerio de vivos que se pudren. Madrid es un gran cementerio, como en el artículo «Día de difuntos de 1836» de Mariano José de Larra («El cementerio está dentro de Madrid. Madrid es el cementerio. Pero vasto cementerio donde cada casa es el nicho de una familia, cada calle el sepulcro de un acontecimiento, cada corazón la urna cineraria de una esperanza o de un deseo».) Años más tarde, en febrero de

1954, Dámaso Alonso fechó en Duster House su poema «A un río le llamaban Carlos», que mantiene esa misma estructura poemática y sintáctica. Lo interpreto como satisfacción de autor por un poema que es muchos años anterior. En ambos casos consigue tan singular ritmo gracias a la repetición de palabras, de esquemas gramaticales y sinónimos [véase F. Rubio, Comentario a «Insomnio» en el volumen *Comentarios de textos* (UNED, 1977-78), y A. Debicki, *Dámaso Alonso*, 1974, págs. 65-66 a propósito del lenguaje empleado].

2) LA INJUSTICIA

No aparece en la edición primera. A través de la alegoría el poeta describe los zarpazos de la injusticia. Dámaso Alonso mantiene su juego de contraposiciones entre la vida y la «comprobación de la realidad negativa». (Víctor G. de la Concha, *La poesía española de 1935 a 1975*, 1987, pág. 496.) Volvemos a hablar de este poema en «La madre».

Los colores pardos del poema y las aliteraciones habituales ya en *Hijos de la ira* llenan de carga sensorial estos versos (véase A. Debicki, cit., pág. 76: «la injusticia del hombre se presenta por medio de un monstruo negro que persigue al protagonista»).

3) EN EL DÍA DE LOS DIFUNTOS

El poema recuerda también el artículo de Mariano José de Larra «Día de difuntos de 1836». Se han observado lejanas huellas del «Infierno» de Dante. El poeta cree en la inmunidad del muerto ante el horror de vivir y de sentirse dirigido. Muestra su escepticismo y exigente autocrítica ante el vivir, dado el destino que le espera. Incluso su visión de los muertos como «criaturas perfectas» que han regresado al estado más alto, el del morir, sitúa a Dámaso Alonso muy cerca de las corrientes místicas, como piensa Andrew Debicki *(Dámaso Alonso*, 1974, pág. 70). Aparecen alusiones al día conmemorado, origen de su reflexión; también medita sobre su papel académico. La ironía de las palabras «bella tiza» es comentada por Elías L. Rivers (1970), así como los sustantivos bíblicos («pífano», «tuba») y cotidianos.

El poeta cita a Rafael Pérez y Pérez (1891), escritor de novelas sentimentales y de masas.

«Este poema, acaso el más terriblemente conmovedor de todo el libro, porque nos es posible tocar la llaga desnuda del dolor existencial» [escribe Concha Zardoya en su obra *Poesía española contemporánea* (1961)], «no nos presenta la angustia de haber pecado o de ser pecador en un sentido ortodoxo, sino más bien la náusea del vacío existencial que siente el hombre, pues se sabe materia en descomposición, una pesadilla de agua negra (...). No, no hallamos la sima del pecado sino el hueco horrendo del no-ser» (pág. 416). Relaciona esta visión del hombre y del mundo con ciertos aspectos de *Mundo a solas* de Vicente Aleixandre (véase A. Debicki, cit., pág. 74).

4) Voz del árbol

Poema publicado anteriormente en *Mediterráneo*, revista de Valencia, 1, 1943. Es uno de los primeros textos del poemario, anterior a 1936. Ha sido visto por Concha Zardoya, junto con «La madre» como poema de conmovedora ternura. Contrapunto de los poemas anteriores de congoja y angustia existencial. El árbol aparece humanizado en la voz del poeta. Pero al final, escribe Zardoya, «cobra aspecto de monstruo pensativo, monstruo verde»... «el poeta ha besado la rama, sí, mas no sabe interpretar el profundo y misterioso mensaje del árbol» [C. Zardoya (1961), pág. 425].

5) Preparativos de viaje

El poema encierra recuerdos de su estancia en el Hospital Militar de Carabanchel. «Trae sólo imágenes distintas de hombres hacia súbita muerte y preguntas de la posible visión en el instante mismo del cambio inconocible» [Dámaso Alonso (1985), cit., página 30]. Como asegura Concha Zardoya, el poema «comienza con una serie de visiones —plenamente realistas y sin el menor asomo de impresionismo o idealización— que recogen las diversas actitudes de los que mueren o los que van a morir» (cit., 1961), pág. 27.

6) Cosa

Afirma Alonso que es, después de «Los insectos» el poema más antiguo del libro. Encabeza una cita de Juan Ramón Jiménez (1881-1958), de *La estación total*. Con Juan Ramón tuvo Dámaso Alonso bastante más trato que con otros mayores, como Unamuno. Con anterioridad utilizó otro verso de Juan Ramón («Cómo era, Dios mío, cómo era») que apareció en la famosa *Antología* de Gerardo Diego, pero en la segunda edición de este libro, al añadir otros poemas, la editorial y la imprenta dijeron que el volumen pasaba de los pliegos proyectados y decidieron suprimir todos los lemas y dedicatorias para ahorrar espacio. Juan Ramón, consultando la segunda edición en la que faltaba su verso, en una de sus hojitas arremetió contra Antonio Machado al que llamaba «poetón aportuguesado» y contra Dámaso Alonso, diciendo que «no sobraba el alto grito del ruiseñor sino los versos del sotanista» (entrevista citada).

«Cosa» fue compuesto cerca de 1940. Según Dámaso Alonso, inaugura la serie «de los que en el libro señalan la angustiosa busca de la esencia de la realidad. El poeta, movido por el amor, quiere conocer la realidad del mundo y pregunta por su ser esencial a una "cosa" que tiene en la mano... toda "cosa" se niega a nuestra comprensión...» *(Poemas escogidos*, cit., pág. 195). «Este poema, es origen de varios de los temas desarrollados en *Hijos de la ira* [cit. Elías L. Rivers (1970), pág. 59]. Durante mi conversación con Dámaso Alonso, el poeta recuerda que trata de ser una indagación de la «Cosa en sí», de carácter metafísico que se continúa con poemas breves, «Voz del árbol», «Yo», «Monstruos», «A Pizca», que están en esa línea. Al mismo tiempo hay una angustia que suele definirse como «angustia existencial» muy de época, que había respirado en ambiente. El anhelo del poeta era hallar amarres, revelaciones esenciales, movido por una angustia próxima a la llamada angustia existencial. Cita a Antonio Machado, quien sin hablar de existencialismo, había hablado de la temporalidad de los poemas que venían a ser la reproducción de la experiencia de dolor o placer inmediatamente: «Dentro de un poeta hay una búsqueda que no contradice esencialidad y temporalidad, angustia del existir, presión y sufrimiento de existencia, de todas formas, si me quieren llamar existencial...» (cit.).

7) EL ÚLTIMO CAÍN

Es posterior a la primera edición de *Hijos de la ira*. «En otro sentido, odio al hombre, como en este poema» [Dámaso Alonso, cit. (1985), pág. 31]. El verso cuarenta («también Dios odia») no ha sido muy bien visto desde el punto de vista del teólogo.

El poema encierra una profunda y trágica generalización: «tú, maldición de Dios, postrer Caín, el hombre». Pero hay bastantes referencias a las dos guerras (vv. 88-93).

8) YO

Poema de increpación a sí mismo, con un mayor grado de proximidad al propio ser, su «alter ego». «El poeta le siente como un "alacrán" (...). Pero su lucha es inútil porque no sabe a quién escupe, a quién maldice, a quién odia o a quién ama, a pesar de todo, puesto que es él mismo» (C. Zardoya, cit., 1961) (véase A. Debicki, cit., pág. 68, a propósito de las técnicas poéticas).

9) MUJER CON ALCUZA

El poema está dedicado a Leopoldo Panero (1909-1959), a quien Dámaso Alonso dedica uno de los capítulos de su libro *Poetas españoles contemporáneos* titulado «La poesía arraigada de Leopoldo Panero». A juicio del escritor, es el poema que más éxito ha tenido. «Sí, se ha pensado ver en este poema el símbolo de la España errante. Son interpretaciones razonables en su mayoría, verdades para una época, que van creciendo, creciendo, para la humanidad que las considera.» En su edición *Antología de nuestro monstruoso...* (1985) Dámaso Alonso lo presenta así: «Vemos a una mujer muy vieja que va pisando la acera de la calle; no, que nos equivocamos, lo que pisa es un cementerio lleno de tumbas, entonces, me llega un recuerdo: la vieja ha corrido toda la vida, en un tren que se paraba de vez en cuando, y dejaba pasajeros muertos, y seguía el viaje días y noches. Se ha ido quedando sola en la vida, digo, en el tren. Hay ahí una idea muy distinta: la vida —ese tren— a la que no conduce nadie. Otras muchas ideas del libro lo rectifican porque resulta más agradable» (pág. 34). En su versión original se tituló «La superviviente», y en *Poemas escogidos* (cit., pág. 196) cuenta su origen de la siguiente forma: «En mi casa entró a servir Carmen, una criada muy vieja (...) que permaneció con nosotros poco tiempo, porque un día se nos despidió (...). En nuestras conversaciones con ella habíamos visto su total desamparo: no tenía familia alguna, todos sus parientes se habían ido muriendo, se le habían muerto también sus amistades. Estaba sola (...). Carmen desapareció de nuestra vida hasta que un día nos enteramos de que había muerto en un asilo de ancianos, en Murcia (...). En mi poema, claro, el largo viaje en un tren que se va vaciando es el símbolo de la vida de esta mujer, y, en cierto modo, de todo hombre, porque, para todos, la vejez es un vaciarse de compañía (...). Esa mujer puede representar lo mismo a un ser humano que a toda la Humanidad; en un sentido distinto podría aplicarse muy bien a España...» Pese a que Dámaso Alonso le quita trascendencia al punto de partida histórico del poema, «"Mujer con alcuza" ha pasado a la crítica literaria como la "epopeya del género humano". La figura de esta mujer con la alcuza en la mano, que ha venido al mundo en un absurdo tren, atraviesa angustiada los vagones —camino de la vida— con la alcuza, atributo de semidiosa», que da solemnidad a su paso. Ha perdido todo, a excepción de esa vasija («generalmente de hojalata y cónica», como asegura el diccionario de este sustantivo), no tiene norte fijo y es pervivencia de un pasado. Por ella intenta interrumpir el curso de la historia y pregunta, con esas preguntas tan propias del poeta y tan propias de este personaje, que va «como un signo de interrogación». Víctor G. de la Concha llama la atención «sobre el hecho de que ese largo tiempo denotado que abarca el viaje —muchos días y estaciones del año— se conjuga connotativamente con la contracción a un día y una noche, por medio del apoyo en una serie de concretas pinceladas realistas (... haciendo que) "una imagen alegórica, onírica, suscite la impresión palpable de realismo"». A juicio de Víctor G. de la Concha, Dámaso Alonso aprovecha en este poema todos los recursos propios del expresionismo literario: «simbolismo cromático, connotación del ritmo...» *(La poesía española,* pág. 498) (véase J. Rodríguez Padrón, «"Mujer con alcuza". Ensayo de una interpretación», en *CHA*, núms. 280-282, 1973, págs. 201-215, y A. Debicki, cit., pág. 80: «en contraste con Caín, la protagonista simboliza el sufrimiento del mártir y el amor humano») (véase M. P. Palomo, *La poesía en el siglo XX (desde 1939)*, pág. 49: «imagen de denotación iconográfica, desde luego, pero que en el contexto general de la poesía de Dámaso Alonso alcanza la categoría de símbolo existencial interrogativo»).

10) ELEGÍA A UN MOSCARDÓN AZUL

El autor da salida a su mala conciencia, puesto que ha matado a un bello animal, e intenta dialogar con su víctima pese a la acción fatal. Dámaso Alonso comienza escribiendo humorísticamente contra la inflación de sonetos de la primera posguerra. En alguna medida, el arranque irónico conecta con el artículo de Eugenio de Nora quien, bajo el seudónimo de «Younger» escribía no menos irónicamente acerca de «La influencia del azúcar en la nueva poesía» en la revista *Espadaña* (1944), donde se dice: «Todo es dulce. A esa fórmula sublime aspira nuestra cultura desde el Renacimiento.»

Como comenta Rivers, remite al «Art poétique» de Verlaine («O qui dira les tors de la Rime»?), a su vez conectado con un verso de Lope de Vega («¡Oh consonantes, qué faceis de tuertos!»), también autor de unas honras funerarias de un mico muerto, y el poema «Snake» de D. H. Lawrence. «Pinta la belleza, el encanto que tenía el moscardón y mi remordimiento de haberlo asesinado» [Dámaso Alonso, cit. (1985), pág. 30] (véase A. Debicki, cit., pág. 76: «por medio del tono irónico el hablante de estos poemas expresa una percepción de su propia mezquindad y de sus propias limitaciones»).

11) MONSTRUOS

Alonso lo define en *Poemas escogidos* (cit., pág. 197) como perteneciente al grupo de poemas de indagación angustiada de la realidad. Se ha relacionado este poema con las corrientes existencialistas. Ante mi sugerencia, Dámaso Alonso respondió no tener una idea clara porque del existencialismo creía saber poco, aunque se había asomado al libro esencial de Sartre, *L'être et le neant* y había leído un poco hasta que lo dejó. Lo mismo le ocurrió con *La nausée*, de la que leyó cuarenta páginas. Explicó haber compuesto este poema sin pretensión filosófica alguna (insistió en no fiarse demasiado de la filosofía) pues pensaba que podía existir una *Historia de la filosofía* como impulso de contrastar el armazón perfecto del universo, como si se tratara de fabricar una jaula, pero faltaba el pájaro. Por ello, entendía lo existencial y lo esencial de manera sencilla en *Hijos de la ira* «un libro en el que hay un deseo fracasado de averiguación de la esencia».

«El espanto en este poema está en la angustia del propio ser, en la angustia tormentosa de la humanidad, en el tormento de Dios... pero a Dios lo que en realidad se le pide es una explicación de todo lo atormentado: lo íntimo personal, lo de los humanos, próximos y alejados; lo del mundo» (Dámaso Alonso, «Vida y obra», en *Antología de nuestro monstruoso mundo. Duda y amor sobre el Ser Supremo*, 1985) (véase A. Debicki, cit., pág. 7: «los monstruos se describen como seres concretos, dramáticamente temidos por el hablante»).

12) LA MADRE

Coincide la mujer de este poema con la que aparece en «Dedicatoria final» y «A la Virgen María». También, en algún verso de la última parte, «Sueño de las dos ciervas», de *Oscura noticia*. La mujer es el apoyo del poeta, su fuerza inspiradora. Desde *Poemas puros. Poemillas de la ciudad* (concretamente en «Cómo era») observamos la alusión a la mujer, bien como destinataria del mensaje poético, como «protagonista del discurso», bien como invocada invisible. En *Oscura noticia* y en *Hombre y Dios* (poemas «Mujeres», «Oración por la belleza de la muchacha», «Ciencia de amor») aparece como exponente explícito. En *Hijos de la ira* el tratamiento cobra un carácter especial. Dámaso Alonso, más consciente que nunca de ser «exiliado interior», obsesionado por la muerte, lleno de asco por la violencia de los hombres, se aísla y automargina, concentrado en su mundo interior. Dámaso niño pregunta «por qué», muchas veces, desde el poema «Insomnio». Exige una presencia, marca la dependencia de partida: el ámbito de lo femenino, en este caso maternal, es el espacio señalado por la demanda. La respuesta llegará explícitamente en «Las alas»: «Seguidme sosteniendo para que no me caiga, para que no me hunda en la noche, para que no me detenga voluntariamente en mi camino.» Al otro lado de este sostén materno, conyugal, la injusticia, título del poema visto más arriba. «La injusticia» es sembradora del odio, en tanto que el poeta se considera «pasajero bullir de un metal misterioso que irradia la ternura». Aunque el poeta es consciente de su «niñez transparente amenazada» lanzó un reto a la madre del odio: «no morderás mi corazón», pues ahora se siente respaldado. Esta situación se reproduce en los poemas «En el día de los difuntos», cuando Dámaso se recuerda como un niño lejano «perdido por el bosque, furtivamente perseguido por los chacales más carniceros y por la loba de ojos saltones y pies sigilosos que lo ha de devorar por fin». La madre está, aquí, ausente por presente, aún más marcada. En «Voz del árbol» se siente «igual que un niñito de seis años acurrucado junto a [su] mi dolor». En «Vida del hombre» piensa en voz alta: «niño mío, niño mío, cómo se abrían tus ojos ante la gran cosa del mundo». En «La isla» agradece a Dios que haya querido «poner sordo terror y reverencia en mi alma infantil». En «A la Virgen María» la Virgen-Madre será «matriz eterna donde el amor palpita» mientras que el poeta es «un niño que en noche y orfandad lloraba». Esta equivalencia de lo femenino con lo maternal, repetida constantemente, es también vínculo por donde circulan los afectos, los sentimientos más dispares, es la base emotiva del poema. Si para Dámaso Alonso la muerte es «la manera desesperada, el deseo de volver a infundirse en la raíz misteriosa de todo», en el poema «Preparativos de viaje» la madre juega el papel de intermediaria. El retorno también es hacia ella: «Algunos llaman con débil voz a sus madres, las pobres madres, las dulces madres...» Mientras más cerca de la muerte, más próxima la madre: «Espérame en tu sueño. Espera allí a tu hijo, madre mía», dirá alternando los distintos planos de la relación madre-hijo: la madre protegida por el hijo, la madre compañera de viaje, compañera de infancia, presencia sublimada que media compensatoriamente entre el poeta y el absurdo (origen de su crispación). «Los versos en que describe a su madre niña —dice Concha Zardoya (cit., 1961, pág. 426)— son, sin lugar a dudas, los más tiernos y conmovedores de todo el libro.»

13) A PIZCA

«Pizca» es nombre literario de un can. El poema muestra la solidaridad entre las dos especies y explica las causas del terror humano ante el aullido de su compañero el animal. En *Oscura noticia* el poema «Solo» va encabezado por estos versos de Antonio Machado que vuelven a recordar «A Pizca»: «Como perro sin amo, que no tiene / huella ni olfato, y yerra / por los caminos...» También conectan ambos textos con el poema de *Hijos de la ira*, «Hombre» (véase A. Debicki, cit., pág. 83).

14) EN LA SOMBRA

De nuevo lo explica el autor *(Poemas escogidos*, cit., pág. 197) como deseo de comunicación con la primera causa y dudas acerca de la naturaleza de ésta.

Poema posterior a la primera edición del libro. Ha sido definido por Dámaso Alonso como uno de los poemas de gran ansia divina. «La causa primera —me explicaba—, llámela Dios si quiere, en un tema repetido en mi libro. La idea central es que esta fuerza también monstruosa es ciega. Unas veces en el libro está sencillamente negada, otras está expresada como sin ojos, en esta ocasión digo *que voltea igual que un iceberg que sin rumbo se invierte en el agua salobre*» (véase, además, P. Silver, «Un comentario sobre "En la sombra"», en *PSA*, LVIII, 1970, págs. 185-190).

15) LA OBSESIÓN

No incluido en la primera edición, pues es posterior a 1945. Algunos comentaristas, entre ellos Elías L. Rivers, observan influencias del poeta jesuita inglés Gerard Manley Hopkins (1844-1898), poeta traducido por José Antonio Muñoz Rojas en la revista *Cruz y Raya* en 1936 y que Dámaso Alonso no pudo leer en esa fecha pero a quien tradujo en *Poetas españoles contemporáneos*. Aprecia Dámaso Alonso en este trabajo las soldaduras heterogéneas que llevan como consecuencia una imagen, de los espontáneos giros del inglés hablado, de las enmarañadas aliteraciones. Se detiene en el sistema rítmico de la lengua inglesa («Sprung Rhythm») con el encabalgarse de los versos dentro de una estructura de soneto con el que estaba experimentando el verso libre. Uno de los poemas traducidos, «No, no hay peor» habla de los precipicios de la mente («¡Créalos fáciles quien nunca colgó en su cresta! Ni aguanta el huelgo del hombre mucho su escarpa, su hondón. ¡Hala, miserable, a rastras!») relacionándose con el verso 9 de «La obsesión».

16) DOLOR

El autor lo describe como un sufrimiento físico progresivo. Sensación que tiene, además, su semejanza con un tormento psíquico. El poeta insiste en la desproporción de una monstruosa fuerza y el despertar en la noche de un niño dolorido, la contraposición de un tiempo helado y el personal incendio. De nuevo habla desde un insomnio de terror. «Venía hablando desde el duermevela, desde el insomnio», escribe Víctor G. de la Concha en *«Hijos de la ira»*, en su libro *La poesía española de 1935 a 1975* (II), 1987, pág. 495. Y sigue: «Todo arranca, en efecto, del viejo "topos" que relaciona vida y sueño (...). En el multiforme desarrollo tradicional del "topos" Dámaso sitúa metapoéticamente su discurso en esa zona de duermevela, sueño e insomnio. Queda así sentada la base para que, rotas las fronteras entre lo real y lo metarreal, ambos planos se interfieran» (cit., pág. 496).

«"Dolor" no es sino una descripción de los avances, cauces y lentitud de un dolor físico» (Dámaso Alonso, cit., 1985).

17) EL ALMA ERA LO MISMO QUE UNA RANITA VERDE

Poema alegórico que representa al poeta llevado finalmente por el torrente del amor divino. Su alma no puede oponer resistencia. El autor se debate entre un pasado incrédulo y un presente condicionado por el silencio/o la palabra/de algo que identifica con el Dios que representa un río caudaloso. «El ánima del poeta ha merecido ya parte de la gracia divina. [¿Acaso esos anteriores sufrimientos no eran ya un signo de la predilección de Dios?» (C. Zardoya, cit., 1961), pág. 419.] La alternancia de metros, de tiempos y de ritmos le hacen experimentar con el verso libre.

18) VIDA DEL HOMBRE

Poema que se mueve entre distintos tiempos, el espejismo de la infancia, el desasosiego de un amenazador presente y un negador futuro. Dámaso Alonso pensaba que todo hombre lleva dentro un niño. «En realidad creo que pienso como un niño y me conduzco como un niño —muchas veces mal educado—.» (Entrevista citada) (véase «La madre», cit.).

19 y 20) LOS INSECTOS

La nota preliminar que antecede es una carta a una lectora ficticia, a quien pretende disgustar con el relato de una pesadilla provocada por los insectos. No pone Dámaso Alonso ningún reparo para la alternancia de prosa y verso en *Hijos de la ira*, ni la alusión estrictamente autobiográfica a una jornada nocturna en su mesa de trabajo ante la amenaza de voladores comedores y zumbadores. Nombra también a su esposa, la escritora Eulalia Galvarriato, que suele ser más indulgente con la plaga. Los versos son «de lejana antigüedad» (está compuesto hacia 1932) con relación a la mayoría de los incluidos en el libro. Refleja la angustia ante la tiranía de estos bichitos. El poema está dedicado a José María de Cossío (1893), que fue presidente del Ateneo de

Madrid. A propósito del «puñeteros» del último verso, hay que recordar que en la edición argentina de *Hijos de la ira* y la edición de Austral española de 1946 y siguientes no constaba, por un extraño pudor léxico. Dámaso Alonso escribe en *Poemas escogidos* (cit., pág. 197): «La palabra "puñeteros" en España no quiere decir mucho más que "condenados", algo así como "bloody" en inglés. Pero en algún país hispanoamericano la palabra conserva aún un especial sentido obsceno. Por esa razón, en la edición de Buenos Aires se negaron a imprimirla, y pusieron "p..."; así se lee también en la nueva edición de la misma «Colección Austral" publicada ya en Madrid.» (Los lectores de esta edición pueden considerarse respetados al poder leer completo ¡por fin! este poema.)

Elías L. Rivers (1970) recoge las calificaciones que Julián Marías hace del texto como «obsesivo, alucinatorio, irónico y lleno de humor». «Este, que es de lejana antigüedad respecto a los demás, no expresa otra cosa que la desesperación e insultos por el tormento, físico y espiritual insectil. Es obra que, recitada, suele recibir mucho éxito, aunque tiene una contextura bastante diferente del resto del libro.» Dámaso Alonso, *Antología de nuestro monstruoso mundo. Duda y amor sobre el Ser Supremo* (véase A. Debicki, cit., pág. 83).

21) HOMBRE

Se relaciona con otros poemas de *Hijos de la ira* y *Oscura noticia* («A pizca»). El hombre que grita y no es aliviado por respuesta alguna, grito de soledad suprema tiene connotaciones existenciales. (Ver también «Monstruos».) Escribe C. Zardoya (cit., pág. 419) que «este poema es un retroceso en la marcha ascendente de la progesión mística que sufre el alma del poeta. Toda una serie de epítetos que rebajan la dignidad del hombre esgrimen una y otra vez su violencia acusadora». El poema justifica la denominación de Dámaso Alonso como padre de la corriente «rehumanizadora».

22) RAÍCES DEL ODIO

Dentro de su poética de confrontación entre planos y paisajes antagónicos (palacios, pájaros, jardines y otras resonancias bucólicas más propias del «cape diem» que del realismo que irradian las salpicaduras del fango, y los «rastros de sangre y de veneno») se observan referencias a Góngora («miel sonora») del verso 72. No hay que buscar mucho para entender que las «flameantes banderas de victoria» es una variante crítica alusiva al ejército franquista ganador de la guerra civil española en 1939 y al verso del himno falangista «Cara al sol», «volverán banderas victoriosas».

Poema que sintetiza culturalismo y rehumanización, unido a la entrada de sórdidos vocablos y expresiones furiosamente coloquiales que, desde el punto de vista léxico, han hecho llevarse las manos a la cabeza a más de un comentarista. Está claro que para el padre de la Filología no existen palabras nobles y palabras corruptas, sino un singularísimo orden rítmico que fija en ellas su soberanía.

23) LA ISLA

El poeta además recuerda un peligroso viaje en barco realizado en 1930. El alma es una isla que sobrevive casualmente bajo la desconocida mirada del Creador, al que adivina cuando la tempestad arrecia, y al que suplica en el deseo final de fusión. Se ha visto también como poema de alto vuelo místico (véase Miguel J. Flys, notas a su edición de 1986, págs. 155-156). Los últimos versos «bien pudieran compararse al grito de todos los místicos» (C. Zardoya, cit., pág. 421): «que se cumpla tu voluntad Señor, y no la mía, para que, despojado de mis deseos y gestos, yo no sea» (véase A. Debicki, cit., pág. 86: «pudiera sugerirse que *Hijos de la ira* sostiene creencias panteistas»).

24) DE PROFUNDIS

Elías L. Rivers cita el Salmo 129 («De lo profundo te invoco, ¡oh Yavé!») y otras huellas bíblicas, como el *Libro de Job*. No obstante, su concepto de la «primera causa» es muy borroso. La «primera causa» es considerada ciega, pues no existe pensamiento teológico definido. «El poeta ansía la máxima purificación que es dable a su alma: su anulación en Dios. En estos versos transcritos culmina el misticismo de *Hijos de la ira*» (C. Zardoya, cit., pág. 422). Dámaso Alonso reconocía no tener un pensamiento teológico definido: «Yo defiendo el derecho a que el poeta tenga fluctuaciones y contradicciones, no creo que la misión del poeta sea definir o construir sistemas, ya que está como una hojita en el viento.»

De nuevo el poeta muestra su capacidad de moverse por territorios donde parece que se acaba la palabra poética y crear un código distinto.

Francisco Javier Díez de Revenga («La obra de Dámaso Alonso y su trascendencia social y existencial», en VV. AA., cit., 1988, págs. 91-112) reconoce que «Hay poemas como "Insomnio" o "De profundis" que reflejan con dureza la miseria de la condición del hombre y lo fatal de su destino» (véase A. Debicki, cit., pág. 69 en relación con imágenes del texto).

25) A LA VIRGEN MARÍA

«La presencia de la madre y la esposa es un factor decisivo visto desde la perspectiva del niño. "A la Virgen María" es un poema en el que se ve la naturaleza como madre. Al final hay un recuerdo de mi educación cristiana, se la ve como estatua» (en conversación con Dámaso Alonso. Véase comentario al poema siguiente y último del libro).

26) DEDICATORIA FINAL (LAS ALAS)

Es un poema síntesis a través del cual Dámaso Alonso reflexiona sobre la proximidad de la muerte, retorna a sus canciones. Y vuelve a encontrarse con la causa primera —«llámela Dios si quiere»—, expresada como un padre bondadoso más o menos bíblico con el cual dialoga. «Esta última simbolización ha despistado a muchos lectores. Un día una señora holandesa me escribió: "a raíz de la lectura de su libro me he convertido al catolicismo". Yo, aunque sin mucha fe le contesté que rezara por mí.» Es un poema-despedida en el que el poeta reflexiona sobre todo el pasado valorando a las dos mujeres de su vida, la madre, la esposa. «Ya no son ahora las "dos ciervas de luz y sombra" que huyen; son dos alas, amores de mujer y de madre, que pueden seguir sosteniéndole en el vivir», escribe Víctor G. de la Concha (1987), pág. 495. Otros poemas se relacionan con éste, «A la Virgen María» y «La madre». En su *Antología de nuestro monstruoso mundo* (1985), Dámaso Alonso afirma: «hay un poema, "Dedicatoria final (Las alas)" en donde tengo una larga conversación con Dios. Yo, "el último de los seres" he pensado en la cercanía de mi muerte, y eso me ha decidido a hablar "al Padre". Le cuento, con respeto, mi pobre vida y la única cosilla mejor, mis pobres canciones»... (las lee): «¡mis cancioncillas!» (relee...): «me refiero a mi libro *Poemas puros. Poemillas de la ciudad*, empezado en 1919» (véase también Ch. Geeze, «La mujer en la poesía de Dámaso Alonso», en *CHA*, 280-282, 1973 y A. Debicki, cit., pág. 69: «el libro a partir de este poema presenta una versión moderna de la vida mística»).

COLECCIÓN AUSTRAL

Serie azul: Narrativa
Serie roja: Teatro
Serie amarilla: Poesía
Serie verde: Ciencias/Humanidades

ÚLTIMOS TÍTULOS PUBLICADOS

Verso libre
casi libérrimo